Inhalt

Diese Bastelidee ist zeitintensiv.

Du benötigst die Hilfe eines Erwachsenen.

Am schönsten in der Gruppe!

Raus mit dir!

Pass auf deine Kleidung auf!

Vorwort

Basteln macht glücklich – und ganz nebenbei lernt Ihr Kind dabei auch noch Wesentliches. Das gilt besonders für das Basteln mit Naturmaterialien. Ganzheitliches Lernen war noch nie so spielerisch: Neben dem ausgeprägten Training der Feinmotorik und Kreativität kann Ihr kleiner Bastler sich auf zahlreiche Abenteuer gefasst machen. Naturmaterialien kann man sich meist selbst suchen. Auf Wiesen, im Wald, am Strand oder im Garten finden sich wahre Schätze. Dabei werden Fragen zu den Fundstücken ebenso wach, wie das Spiel mit Verarbeitungsmöglichkeiten. Die von uns aufgeführten konkreten Bastelideen lassen sich Schritt für Schritt nacharbeiten, sind aber zugleich auch Anregung für selbständige Kreativprojekte.

Im Umgang mit Naturmaterial wird die Eigenverantwortung des kleinen Künstlers gefördert, denn die Materialbeschaffung erfordert Planung, Geduld und Achtsamkeit im Umgang mit der Natur. Ob zum Kindergeburtstag, an einem Waldtag in der Kita oder dem Hort, wer mit Naturmaterial bastelt, kann alle Jahreszeiten bewusst erleben. Wann gibt es Kastanien? Wann wachsen die Rosen, die ich für mein Fensterbild brauche?

Sie möchten Ihrem Kind die Möglichkeit geben, die verschiedensten Materialien mit allen Sinnen zu erfahren? Hier wird es dazu angeregt, Eicheln selbst zu sammeln, Blätter zu pressen und Blüten zu trocknen. Überlegen Sie gemeinsam, was Sie daraus entstehen lassen möchten: Ein Piratenschiff? Eine Hobbithöhle? Oder vielleicht eine ganze Schar Ritter? Wir wünschen Ihnen bei diesen gemeinsamen Naturerlebnissen viel Freude!

Naturmaterial und Farbe

Basteln mit Naturmaterial und Farbe

Das solltest du darüber wissen

Tisch präparieren

Vor dem Malen solltest du deinen Tisch mit Zeitungen abdecken. Wenn du eine wilde Actiontechnik ausprobieren möchtest, dann solltest du aufgeschnittene Mülltüten als Unterlage verwenden und auch den Boden unter dem Tisch damit schützen – oder am besten draußen arbeiten.

Malerkittel

Damit du beim Kreativsein mit Farbe nicht ständig auf deine Kleidung achten musst, solltest du einen Kunststoffmalerkittel oder zumindest eine alte Hose und ein altes T-Shirt tragen.

Untergrund

Papier ist der gängigste Malgrund. Da gibt es aber große Unterschiede: Glatte Papiere nehmen oft wenig Feuchtigkeit auf, grobporige Papiere zeigen beim Zeichnen eine eigene Struktur. Wenn du sehr nass malen möchtest, solltest du dein Papier rundherum mit Malerkrepp auf ein Malbrett kleben, damit es sich nicht wellt. Du kannst aber auch auf Holz, Pappe, Metall, Folie oder auf Stein malen. Damit die Farben richtig gut leuchten, solltest du die zu bemalende Fläche eventuell abschmirgeln und mit weißer Farbe grundieren.

Kindersichere Farben

Verwende möglichst wasserlösliche Farben, sie sind auswaschbar. Deck-, Acryl- und Dispersionsfarben sind oft für dieselben Techniken einsetzbar. Aquarellfarbe eignet sich zum Bemalen von Strohseide und Aquarellpapier (nass und trocken). Wenn dein Bastelobjekt im Freien stehen soll, kannst du die Farben mit Klarlack fixieren oder gleich Lacke benutzen. Auch Wachs- und Ölkreiden eignen sich für die Outdoor-

kunst. Sie wäscht der Regen nach und nach ab. Noch vergänglicher ist Straßenkreide. Mit ihr kannst du ganz problemlos Gesichter auf Baumstämme oder große Felsen malen – sie verschwinden quasi über Nacht.

Mischen

Viele Farben sind untereinander mischbar. Gelb und Rot ergeben Orange, Blau und Gelb Grün. Rot und Blau ergeben Violett. Mischt man Weiß in eine Farbe wird sie heller, mit Schwarz dunkler. Mische auf einer Palette und teste den entstandenen Farbton auf einem Extrablatt.

Spannend

Spezialfarben sind das pure Abenteuer: Neonfarben, Gold, ein weißer Plusterstift oder Farben mit irisierendem Glimmer sind einfach cool. Aber auch mit scheinbar „normalen" Farben lässt sich Spannung erzeugen: Über ein mit Wachsstiften gemaltes Bild kannst du bügeln, Acrylfarbe mit einem Apfel drucken, Fingerfarbe mal mit den Füßen auf einem Baumstamm benutzen. Du kannst aber auch mit einem angekokelten Stock zeichnen oder mit einer Johannisbeere malen. Probiere es aus!

Naturfarben

Fürs Malen in der Natur kannst du Farbe selbst herstellen. Grüne Blätter kannst du direkt auf deinem Papier verreiben, zerstoßene Beeren malen meist violett und Paprika- und Currypulver kannst du mit Ei oder Wasser anrühren, um Orange und Gelb zu erhalten. Naturfarben verblassen schneller als synthetische und können unter Umständen schimmeln. Verwende sie nur frisch und wasche dir anschließend die Hände!

Hinweis

Bunt-, Filz- und Wachsstifte kann man übrigens auch mal im Bündel einsetzen!

Bauklötze staunen

Holzbausteine wie aus 1001 Nacht

Schwierigkeit
● ● ●

* 25 Holzbausteine in Natur (Würfel, Quader, Kegel, Tonnen, Halbkugeln, Dreiecke und Bögen)
* Acrylfarbe in Pink, Gelb, Rot, Türkis, Blau, Orange, Grün und Apfelgrün
* Klarlack
* Glitzerliner in Weiß, Pink, Grün und Blau
* Strasssteine und Glasnuggets in Pink, Gelb, Rot, Türkis, Blau, Orange, Grün und Apfelgrün, ø 2–3 cm
* 2 Häkelspiegel in Weiß, ø 1,5 cm
* UHU Flex & clean Kraft
* Pinsel

Hinweis

Wenn du die Bauklötze für Kleinkinder herstellen möchtest, solltest du auf verschluckbare Kleinteile, wie zum Beispiel die Strasssteine, verzichten und schweiß- und speichelchte Spielzeugfarbe verwenden!

Tipp

Es gibt im Handel auch Holzbeize. Sie ist besonders geeignet, wenn du eine große Menge Bausteine färben möchtest! Rühre das Farbpulver nach Packungsanleitung an und tauche die Steine komplett hinein. Nach einigen Minuten kannst du die Bausteine mit Hilfe einer alten Gabel wieder herausnehmen und trocknen lassen. Die Beize kannst du aber nur auf ungewachsten Bausteinen verwenden!

Tipp

Du kannst auch kleine und mittelgroße Kiesel bemalen und auf die gleiche Weise verzieren, wie du es mit den Bauklötzen getan hast. Schon hast du zusätzliches, unregelmäßiges Baumaterial mit dem du großartige Märchenwelten entstehen lassen kannst.

1 Jeder Stein erhält eine prachtvolle Farbe, male deckend. Du kannst den Stein dafür an den beiden schmalen Seiten halten und drei Längsseiten bemalen. Lege ihn dann auf die vierte, unbemalte Seite zum Trocknen. Danach kommen die drei restlichen Seiten dran. Lass die Farbe über Nacht trocknen. Wenn du möchtest, kannst du danach noch Klarlack auftragen.

2 Nach dem Trocknen kannst du die Bauklötze verzieren, wie es dir am besten gefällt.

3 Klebe Strasssteine und Glasnuggets auf und zeichne mit Glitzerstiften Muster und Linien auf einige Bauklötze. Hübsch sehen vor allem Pünktchen oder Streifen auf deinen Bausteinen aus!

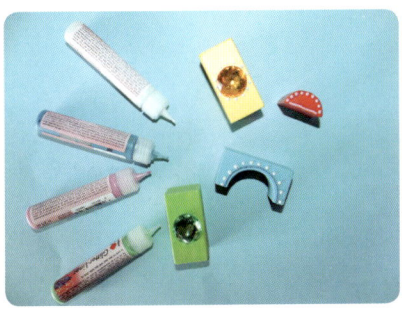

Bunte Borke

Rindenstücke bemalen

Schwierigkeit
● ● ●

* 3 große Buchenrindenstücke,
  20 cm breit, 50 cm lang
* Acrylfarbe in Weiß, Hellgrün,
  Türkis und Rot
* feiner Haarpinsel
* mittelbreiter Borstenpinsel

1 Sammle drei große Rindenstücke. Jeder Rindentyp ist anders! Buche ist recht glatt, Nadelbäume hingegen haben oft starke Rillen. Sollte die Rinde noch feucht sein, legst du sie zum Trocknen auf die Heizung.

2 Entferne Krümel, Erde und Stöckchen von der Innenfläche der Rindenstücke mithilfe eines Borstenpinsels.

3 Bemale die Innenflächen der Rindenstücke mit Acrylfarbe.

4 Die raue Oberfläche der Rinde fordert eine ungewohnte Malweise: Kleine Details und andere Feinheiten solltest du weglassen. Es bietet sich an, die Rinde mit einem einfachen Muster zu bemalen: Die Streifen sind 0,2 cm, 0,5 cm, 1 cm, 4 cm, 5 cm und 8 cm breit. Die Zacken sind 3 cm, 6,5 cm 7,5 cm und 9 cm lang. Passe dein Muster den Unebenheiten der Rinde an.

Meisterhafte Möhre

Karottendruckbriefpapier

Das brauchst du

Schwierigkeit
● ● ●

* 2 Universalpapiere in Weiß oder Gelb, A4
* 2 Briefumschläge in Gelb oder Weiß, 11,4 cm breit, 16 cm lang
* Karotte, ø 1,5 cm
* Karotte, ø 3,5 cm
* Acrylfarbe in Gelb, Orange und Rot
* 2 mittlere Haarpinsel
* Filzstift in Schwarz
* Pappteller
* Küchenpapier
* Glas mit Wasser
* Küchenmesser

Marienkäferpapier

1 Schneide die dünne Karotte gerade ab. Bestreiche die Schnittfläche mit roter Farbe und drücke die Karotte fest auf das weiße Papier.

2 Setze sieben rote Punkte verteilt auf das Papier. Lass die Farbe trocknen. Mit dem schwarzen Filzstift malst du Flügelstrich, Punkte, Beine, Kopf und Fühler dazu.

3 Der passende Umschlag bekommt zwei Marienkäfer.

Sonnenpapier

1 Schneide aus der dicken Karotte eine 4 cm dicke Scheibe ab. Schnitze mit dem Küchenmesser rundherum Zacken aus dem Rand.

2 Streiche gelbe Farbe auf und drucke den Karottenstempel fest auf. Drücke mit dem Finger alle Zacken noch einmal nach bevor du den Stempel abnimmst.

3 Drucke abwechselnd eine gelbe und eine orange Sonne von oben nach unten auf das Papier. Nimm hierfür zwei Pinsel. Den einen nur für die gelbe den anderen nur für die orange Farbe, dann musst du beim Farbwechsel den Pinsel nicht immer abwaschen. Vor jedem Farbwechsel den Stempel mit Küchenpapier abtupfen.

4 Der passende weiße Umschlag bekommt ebenfalls einen Sonnenrand.

Tipp

Du kannst aus einer Karotte natürlich auch Dreiecke oder Quadrate schnitzen. Auch mit anderem Obst oder Gemüse kannst du stempeln – dafür musst du es oft nicht einmal in Form schneiden, sondern lediglich glatt abschneiden. Drucke mit einer Paprika, einem Chinakohl oder einer Zwiebel!

Edle Lichter

besondere Walnusslichter

Schwierigkeit
● ● ●

* 20 halbe Walnussschalen
* Acrylfarbe in Weiß, Gelb, Orange, Rot, Schwarz, Pink und Rosa
* Fotokarton mit Pünktchen in Gelb, Rosa, Hellgrün, Grün und Rot, A4
* Fotokartonrest mit Streifen in Grün
* Teelichter in Rot, Grün mit Glitzer und Rosa
* Buntstifte in Gelb, Rosa, Hellgrün, Grün und Rot

Vorlage Seite 125

1 Übertrage alle Vorlagenzeichnungen auf Fotokarton und schneide sie aus.

2 Lege die Walnussschalen probeweise auf den Fotokarton. Wenn du zufrieden bist, kannst du alle Hälften mit der weißen Farbe grundieren. Sie muss gut trocknen.

3 Verpasse nun den Walnüssen einen bunten Anstrich! Beginne mit der helleren Farbe und trage am Rand eine dunklere auf, sodass die Farben ineinander laufen.

4 Wenn die Farbe getrocknet ist, kannst du die Schalen und das Teelicht aufkleben.

5 Verziere die Kerzenhalter noch mit Buntstiften.

Tipp
Wenn deine Lichter weihnachtlich aussehen sollen, kannst du die Nüsse mit Goldfarbe bemalen. Schneide als Basis einen großen gelben oder roten Stern aus Fotokarton aus und verziere ihn zusätzlich mit Glitterliner.

In die Farbe, fertig, los!

Stoff mit Zwiebelschalen färben

Schwierigkeit
• • •

* Kinderbaumwollschürze in Weiß (ohne Weichspüler vorgewaschen)
* 40 g Zwiebelschalen
* 10 g Alaun (aus der Apotheke)
* 1,5–2 l Wasser
* Schüssel

* alter Topf
* alter Kochlöffel
* alte Grillzange
* altes Handtuch
* Herd
* Bastelfilz in Weiß, Rosa, Hellgrün oder Grau und Pink, A5
* Glitzerplusterstift in Grün und Pink oder Blau, Pink und Gelb
* UHU creativ Stoff, Filz und Bänder

Vorlage Seite 126

1 Bei diesem Bastelprojekt brauchst du unbedingt die Unterstützung eines Erwachsenen, der Umgang mit dem kochenden Wasser ist alleine zu gefährlich. Gib etwa einen Liter Wasser in eine Schüssel und löse den Alaun darin auf.

2 Lege braune, äußere Zwiebelschalen in den Topf, bis der Boden dick damit bedeckt ist. Darauf kommt die Schürze und darauf wieder eine Schicht Zwiebelschalen.

3 Schütte vorsichtig das Alaunwasser auf, bis alles damit bedeckt ist.

4 Bringe alles zum Kochen. Schalte dann die Temperatur herunter und lasse das Gebräu etwa 45 Minuten köcheln. Ab und zu kannst du vorsichtig umrühren.

5 Nimm die Schürze mithilfe der Zange aus dem Wasser und lege sie auf einem alten Handtuch in die Sonne. Lass die Schürze an der Sonne trocknen.

6 Übertrage eine der Vorlagen von Seite 126 auf dünnen Bastelfilz und schneide sie aus. Klebe das Motiv mit Textilkleber auf und verziere es dann mit Plusterfarbe. Profis können das Motiv aber auch aufnähen. Den Heftstich findest du auf Seite 52 noch einmal ausführlich erklärt.

Fürs Gartenfest

Erdbeer- und Apfellichter

Schwierigkeit
● ● ●

* Butterbrottüten oder Luminaria
* Acrylfarbe in Gelb und Rot
* kleiner Apfel oder Erdbeere
* Buntstift in Grün
* ggf. Masking Tape
* Teelichtglas und Teelicht
* Motivschere z. B. Zickzack- oder
  Wellenlinie
* Küchenmesser
* Küchenpapier

1 Schneide eine Erdbeere der Länge nach durch und drücke sie gleich auf die Brottüte. Das ergibt einen ganz zarten rosa Abdruck. Mit der Frucht kannst du auch noch Linien oder Punkte aufmalen. Drück die Beere aber nicht zu fest auf.

2 Schneide den Apfel mit einem ganz geraden Schnitt in der Mitte von oben nach unten durch. Tupfe die Schnittstelle mit Küchenrolle trocken.

3 Für knallfarbige Abdrücke streichst du den Apfel oder die Erdbeere mit den Acrylfarben an. Du kannst gelbe oder rote Äpfel drucken oder auch zweifarbige.

4 Drücke die bemalte Fläche mittig auf die Brottüte und ziehe das Obst wieder ab. Lass die Farbe gut trocknen!

5 Ergänze mit deinen Buntstiften noch einen Stiel, eine Blüte und ein grünes Blatt, dann ist dein Motiv schon fertig.

6 Verziere deine Lichttüte mithilfe der Zackenschere und Masking Tape. Stelle ein Teelichtglas hinein – das Gartenfest kann beginnen.

Tipp
Wenn du dein Stempelobst mit Stoffmalfarben bestreichst, kannst du auch eine ganze Tischdecke bedrucken. Nach dem Trocknen kannst du die Stiele und Blätter ebenfalls mit Stoffmalfarben ergänzen. Ein erwachsener Helfer muss die Farbe abschließend nur noch mit dem Bügeleisen fixieren!

Sommer im Glas

mit Beeren malen

1 Zerkleinere die Beeren mit dem Pürierstab, bis du eine flüssige Beerensoße erhältst. Wenn du noch keine Küchenerfahrung hast, benötigst du hierbei die Hilfe eines Erwachsenen.

2 Füge vier Esslöffel mit Wasser angerührten Kleister hinzu.

3 Fülle die Beerenfarbe in ein verschließbares Glas. Du kannst die Farbe drei Tage lang im Kühlschrank aufbewahren.

4 Fertig ist deine Naturfarbe. Male eine schlichte Grußkarte oder Geschenkpapier, gestalte eine Schatzkarte oder einen Naturholzrahmen für dein Lieblingsfoto mit deiner Farbe.

Tipp

Was wird Rot? Was wird Lila? Mixe dir Farbe aus Himbeeren, Johannisbeeren, Kirschen oder Karotten. Du wirst staunen, wie viele verschiedene Farbtöne du mischen kannst. Was passiert, wenn du Zitronensaft dazugibst? Auch mit Erde und Lehm kannst du Kleisterfarben anrühren.

Dürre Kerle

geschnitzte Rankhilfen

* Weidenruten, ø 1,5 cm, 1,20 m lang (alternativ Hasel- oder Ahornzweige)
* Acrylfarbe in Rot, Gelb, Blau und Grün
* 4 Holzperlen in Rot, ø 1 cm
* Schnitzmesser (alternativ Taschenmesser)
* mittlerer Haarpinsel
* Schmirgelpapierrest, 80er Körnung
* Permanentmarker in Rot und Schwarz
* UHU Alleskleber Kraft

1 Suche gerade Äste. Schäle mit dem Taschenmesser die Rinde am dünneren Ende der Rute auf einer Länge von 5 cm ab.

2 Jetzt wird geschnitzt! Oben und unten erhält der Stock eine Spitze. Schnitze mit dem Messer immer von dir weg! Wenn du noch nie geschnitzt hast, dann benötigst du einen erwachsenen Assistenten und solltest auf Seite 109 alles übers Schnitzen lesen!

3 Male die obere Spitze als Mütze in Rot, Gelb, Blau oder Grün an. Trocknen lassen.

4 Schmirgle die rote Perle mit dem Schmirgelpapier an einer Stelle etwas ab. Klebe sie als Nase auf, die aufgeraute Stelle ist dabei die Klebefläche.

5 Male die Augen mit schwarzem und den Mund mit rotem Permanentmarker auf.

6 Stecke den Stock mit der unteren Spitze in einen Blumentopf oder ein Beet als Rankhilfe für Kletterpflanzen oder als Stütze für eine Tomate.

Tipp

Du kannst auch einen Wurststecken für deine Bratwurst am Lagerfeuer schnitzen. Dafür eignet sich ein Ast, der sich an einem Ende gabelt besonders, denn so kannst du die Grillwurst an zwei Stellen gleichzeitig aufstecken. Schnitze an der Gabelung die gesamte Rinde des Stockes ab und erarbeite zwei lange Spitze zum Aufspießen der Wurst. In den restlichen Bratspieß kannst du Muster kerben.

Strandstimmung

Bilder aus buntem Sand

Das brauchst du

Schwierigkeit
● ● ●

+ Fotokarton in Hell- und Dunkelgelb, Hell- und Mittelblau, A3
+ Zeitungspapier, 50 cm breit, 30 cm lang

+ 110 g Vogelsand (alternativ Dekoquarzsand)
+ 3 leere Schraubgläser
+ Acrylfarbe in Blau und Gelb
+ Tapetenkleister und Wasser
+ 3 kleine Herzmuscheln
+ dünner Zweig
+ 2 Pfefferkörner
+ 2 Wachholderbeeren
+ Wollrest in Blau, 8 cm lang
+ 2 Bildösen, ø 3,2 cm

+ UHU Alleskleber Kraft
+ Haarspray
+ feiner, mittlerer und dicker Haarpinsel
+ Teelöffel

Vorlage Seite 126

1 Knicke das Zeitungspapier vorab einmal in der Mitte. Öffne es wieder. Jeweils 50 g Vogelsand mit einem halben Teelöffel gelber oder blauer Acrylfarbe in einem Schraubglas vermischen, gut schütteln und dann auf das Zeitungspapier streuen und dort trocknen lassen.

2 100 ml Wasser mit einem Teelöffel Tapetenkleisterpulver vermischen und im dritten Schraubglas quellen lassen.

3 Für das Sonnenbild dunkelgelben Fotokarton auf 24 cm x 24 cm, hellgelben Fotokarton auf 20 cm x 20 cm zuschneiden. Für den Wal ebenso mit den blauen Fotokartons vorgehen.

4 Übertrage die Vorlagenzeichnung auf das kleine Kartonquadrat, male sie satt mit Tapetenkleister nach und schütte sofort den gefärbten Sand über das Motiv: Den gelben auf die Kleistersonne, den blauen Sand auf den Kleisterwal. Trocknen lassen.

5 Das Bild vom Zeitungspapier nehmen und den überschüssigen Sand auf das Zeitungspapier klopfen. Das Zeitungspapier hochnehmen und am Knick diesen Sand wieder ins Glas zurückschütten. Mit dem feinen Haarpinsel und etwas Kleister kannst du noch „Ausbesserungsarbeiten" vornehmen und dann erneut Sand aufstreuen. Wieder trocknen lassen.

6 Nun geht es ans Ausgestalten der Sonne: Die kleinen Muscheln mit der Öffnung nach oben als Augen aufkleben. Die Pfefferkörner als Pupillen mit Kleber darin fixieren. Die größere Muschel als Nase aufkleben. Für den Mund schneidest du mehrere kleine Stücke vom Zweig ab und klebst diese zu einem Halbkreis aneinander. Den Fotokarton mit der Sonne klebst du mittig auf den dunkelgelben Fotokarton.

7 Für das Walbild wird die Flosse zusätzlich aus hellblauem Fotokarton ausgeschnitten, mit ungefärbtem Sand bestreut und nach dem Trocknen auf den fertigen Wal geklebt. Als Augen klebst du dem Wal zwei Wachholderbeeren und für den Mund das blaue Wollstück auf.

8 Als Aufhängung klebst du die Bildöse unsichtbar oben an der Rückseite auf. Damit der Sand noch besser hält, sprühst du mehrmals mit Haarspray über das Bild. Zwischendurch immer trocknen lassen.

Tipp

Mach doch auch mal ein Bild aus ungefärbtem Natursand. Den feinen Sand kannst du selbst am Meer sammeln oder dir von Reisenden mitbringen lassen. Jeder Sand ist anders! Vergleiche Sand aus Afrika mit Sand aus Neuseeland oder von der Ostsee. Farben und Körnung werden stark von einander abweichen.

Immer im Gleichgewicht

Mobile aus Stöcken

Das brauchst du

Schwierigkeit ● ● ●

* Haselnussruten, 30 cm lang, 2 x 17 cm, 4 x 11 cm, 12 x 7 cm (alternativ Treibholz)
* Kettgarn ø 1 mm, 8 m lang
* Acrylfarbe matt in Mango, Metallic-Blau, Metallic-Grün und Metallic-Violett
* leere Konservendosen
* Schere
* Drillbohrer (alternativ Dremel)
* 4 Federn in Lila, Gelb, Hellblau und Apricot
* UHU Alleskleber extra

Tipp

Wenn du dein Mobile im Freien platzierst, lohnt es sich, kleine Glöckchen statt der Federn anzuknoten. Dann kannst du dein Mobile schon bei leichtem Windzug hören. Wetterfest wird dein Mobile, wenn du die farbigen Enden mit Klarlack übersprühst.

---

1 Lege deine gefundenen Stöcke zum Mobile aus. So kannst du überprüfen, ob du alle Einzelteile hast.

2 Jetzt wird es bunt! Tauche die Enden deiner Stöcke in Farbe. Lege die farbigen Stöcke auf die Dosen und lass sie dort über Nacht trocknen.

3 Lege deine Stöcke erneut zum Mobile aus. Achte dabei auf gleichmäßige Abstände

4 Schneide mit der Schere das Kettgarn als Verbindungsschnüre zu. Du benötigst ein 1 m langes Stück Garn, zwei 80 cm lange Stücke, vier 40 cm und zwölf 30 cm lange Stücke.

5 Lass dir von einem Erwachsenen mit einem Dremel in die untersten, kurzen Holzstöcke kleine Querlöcher bohren. Wenn du keinen erwachsenen Assistenten hast, dann bohre die Löcher selbst mit einem kleinen Drillbohrer. Fädle das Garn hindurch: So hängen die Aststücke senkrecht.

6 Wer mag, klebt noch Federn an die Mobileenden – das hilft auch beim Austarieren des Mobiles!

Natur-
material
und
Papier

Basteln mit Naturmaterial und Papier

Das solltest du darüber wissen

Reißen

Wer noch nicht exakt schneiden kann oder einfach keine Geduld hat, kann Papier in kleine Schnipsel reißen. Das hat oft einen herrlich künstlerischen Effekt. Für Pappmaché sind kleine gerissene Papierflocken das Basismaterial. Daraus können auch Großprojekte entstehen!

Knüllen

Papier lässt sich nicht nur glatt (plan) aufkleben, du kannst es auch erst zu kleinen Kügelchen knüllen. So kannst du beispielsweise tolle Lockenhaare entstehen lassen. Aus aufgefädelten großen Seidenpapierknäueln kannst du dir in Nullkommanix eine kunterbunte Girlande fürs nächste Kinderfest basteln oder sie als Kette um deinen Hals hängen.

Kleben

Papier lässt sich wunderbar mit Naturfundstücken bekleben oder mit Klebstoff fixieren. Aber je nachdem, welchen Klebstoff man verwendet, ist das Ergebnis ein anderes. Kleine Kinder arbeiten am besten mit Kleister, dieser lässt sich leicht mit den Händen auftragen und er ist aus der Kleidung auswaschbar. Wenn du schon sorgfältiger arbeiten kannst, verwendest du einen Klebestift. Für große Flächen bietet sich Sprühkleber an (draußen arbeiten!), für punktgenaues Arbeiten Flüssigkleber. Alle lösungsmittelfreien Klebstoffe lassen das Papier wellig werden.

Schneiden

Wenn mit einer Schere geschnitten wird, kannst du das übernehmen. Manchmal bietet sich eine Zackenschere an, beispielsweise bei Stoff oder Bastelfilz, denn dieser franzt dann nicht so schnell aus. Kleine Details schneidest du am besten mit einer Nagelschere aus. Meistens eignet sich aber eine Kinderbastelschere. **Ein Cutter gehört allerdings immer in Erwachsenenhände!**

Falten

Papier kann man prima falten – je dünner, desto besser! Besonders eignet sich Origamipapier. Auch Geschenkpapier kannst du hervorragend falten, da es ganz dünn ist; zusätzlich findest du es bedruckt mit vielfältigsten Motiven und Mustern. Für exakte Faltlinien benötigst du ein Lineal und ein Falzbein, das ist eine Art Plastikstift, mit dem du Knicklinien vorziehen kannst.

Schablonen

Für viele Techniken benötigst du eine Schablone – manchmal genügt es, wenn du die Vorlagenzeichnung mithilfe von Kohlepapier auf dein Bastelmaterial durchpaust. Wenn du aber in einer Kindergruppe arbeitest oder ein Element mehrfach benötigst, dann solltest du die Vorlage auf Pappe übertragen, sorgfältig ausschneiden und dann mit dieser Schablone arbeiten. Lege sie auf den entsprechenden Untergrund, umfahre sie mit einem Stift und schneide das Objekt aus.

Naturstempel

Du kannst Naturmaterial als Stempel verwenden und damit auf Papier drucken. Besonders gut eignen sich dazu Blätter – aber auch aufgeschnittenes Gemüse und Obst hinterlässt tolle Spuren. Tauche sie in Acrylfarbe und presse sie auf das Papier. Dünne, flache Objekte kannst du mithilfe einer Walze auf das Papier drücken.

Aus der Bahn!

XL Murmelbahn

1 Suche dir eine stabile Astgabel. Wichtig ist, dass sie umgedreht sicher steht. Wenn die Astgabel frei von Rinde ist, besitzt sie eine glattere Oberfläche und du kannst sie später besser bemalen: Du kannst die Rinde vorsichtig mithilfe eines Schnitzmessers abschälen.

2 Grundiere die Astgabel weiß und lass sie trocknen.

3 Bemale die Astgabel mit feinen, blauen Ringeln. Wenn du dir das nicht Freihand zutraust, kannst du mit Kreppklebeband Streifen abkleben und nur die Zwischenräume blau ausmalen.

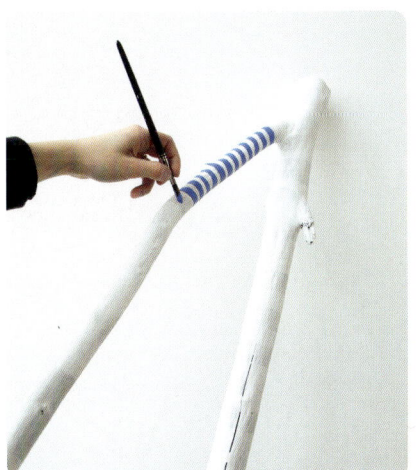

4 Schneide mehrere 13 cm breite Streifen aus dem Tonkarton aus. Anzahl und Länge richten sich nach deiner Astgabel! Die Streifen sollten 5 cm länger sein, als es die Gabelbreite an der entsprechenden Stelle ist.

5 Rolle die Kartonstreifen zu Röhren und fixiere sie großzügig mit Klebeband. Mach die Passprobe: Passt deine Murmel hindurch?

6 Schneide einen Start- und einen Zielpfeil aus dem Tonkartonrest aus.

7 Bemale die Streifen und die Pfeile dick mit neonorangener Acrylfarbe. Lass die Farbe trocknen.

8 Schneide die Röhrenkanten jeweils an ihrer Auffangseite schräg an.

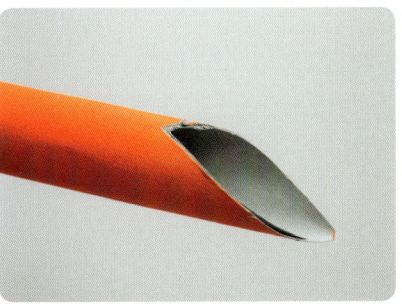

9 Klebe die Röhren und die Pfeile in gewünschter Position mit doppelseitigem Klebeband an die Astgabel. Und? Schafft es deine Murmel von ganz oben nach ganz unten durch das Röhrensystem?

Maskenball

bunte Feder- und Blättermasken

* Fotokarton in Weiß, Türkis oder Orange, A4
* Fotokartonrest in Orange oder Hell- und Dunkelbraun und Rosa
* Glitzerkartonrest in Türkis
* 6 Marabufedern in Weiß und Blau
* 15 Blätter, gepresst
* 8 Gänseblümchen, gepresst
* 8 Blütenstempel in Perlmuttweiß
* 9 Schmucksteine in Pink und Blautönen, ø 0,3–0,5 cm
* Buntstifte in Blau, Braun, Rot, Schwarz und Weiß
* Filzstift in Schwarz
* Glitzerstift in Weiß
* UHU Alleskleber Kraft
* ggf. Hutgummi in Weiß, 40 cm lang
* ggf. Lochzange
* ggf. Stab, ø 0,5 cm, 25 cm lang

Vorlage Seite 127

1 Übertrage alle Teile, die du für deine Maske brauchst, von Seite 127 auf den Fotokarton. Schneide sie sorgfältig aus.

2 Schattiere die Maske und den Tierkörper mit Buntstiften.

3 Verziere nun die Maske mit Federn oder wahlweise mit gepressten Blättern und Blümchen.

Tipp

Lust auf ein ganz besonderes Waldfest? Bastle gemeinsam mit deinen Freunden viele Masken – dann lädst du zum Kostümfest auf einen Waldspielplatz ein. Jeder Gast, der unmaskiert kommt, bekommt eine von euren Masken geschenkt, sodass wirklich alle verkleidet sind. Das ist ein Spaß!

4 Auch die Fühler oder Federkrönchen fehlen noch: Klebe dafür die weißen Blütenstempel von hinten an die Tierköpfe. Bestreiche den Tierkörper sorgfältig mit Klebstoff und setze ihn vorsichtig mittig auf die Maske.

5 Damit du die Maske auch verwenden kannst, bringst du am besten ein Stück Hutgummi an den Ecken an: Stanze links und rechts je ein kleines Loch in den Fotokarton und knote die Enden des Gummis daran fest. Oder du klebst von hinten einen Haltestab an die linke Seite.

Hobbithöhle

Puppenhaus mit Moosdach

Das brauchst du

Schwierigkeit

• • •

* Tonpapier in Orange, 50 cm breit, 70 cm lang
* Tonpapierrest in Hellbraun
* Fotokartonstreifen in Grün, 10 cm breit, 38 cm lang
* Wellpapperest in Rot
* Käseschachtel, ø 15,5 cm

* Acrylfarbe in Braun
* mittlerer Borstenpinsel
* getrocknetes Moos, 0,5 m²
* Holzperle in Gelb, ø 1 cm
* Buntstift in Braun
* UHU Alleskleber Kraft
* 2 €-Stück
* Falzbein
* Schere
* 5 Wäscheklammern

Vorlage Seite 125

1 Sammle das Moos ein paar Tage vor dem Basteln, damit es trocknen kann. Schaue nach ob sich kleine Tiere darin versteckt haben und entlasse diese in die Freiheit.

2 Schneide Käseschachtel und -ring nach 12 cm gerade ab.

3 Bemale beides außen mit brauner Farbe, trocknen lassen.

4 Übertrage die Vorlagenzeichnung auf das Tonpapier, der beiden Seitenteile einmal auch seitenverkehrt. Schneide alles sorgfältig aus. Lege die Käseschachtel auf das Tonpapier, umfahre den Schachtelrand mit Bleistift und schneide den entstandenen Halbkreis etwas knapper aus als aufgezeichnet.

5 Ziehe die Innenlinien der Seitenteile mit dem Falzbein nach und schneide die entstandenen Außenränder alle 5 mm ein. Knicke diese nach unten.

6 Klebe den Tonpapierhalbkreis von innen in den Schachtelring. Klebe die Seitenteile links und rechts mit den eingeschnittenen Rändern an den Schachtelring an. Die Enden zwickst du mit den Wäscheklammern fest und nimmst diese erst ab wenn der Kleber getrocknet ist.

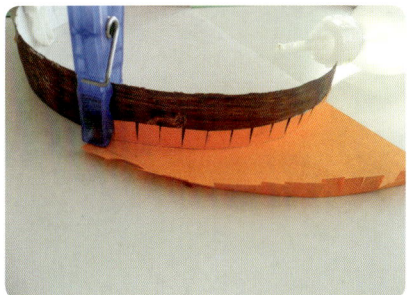

7 Schneide aus der roten Wellpappe einen Kreis mit 8,5 cm Durchmesser aus. Klebe auf der Vorderseite die gelbe Holzperle als Türknauf auf. Klebe die Tür mittig in den braunen Kreis auf die Vorderseite des Hobbithauses. Umfahre die 2 €-Münze zweimal auf hellbraunem Tonpapier und schneide die Kreise aus. Male den Fensterrahmen und das Fensterkreuz mit braunem Buntstift auf und klebe die Fenster links und rechts neben der Türe auf.

8 Streiche viel Alleskleber auf den Fotokartonstreifen und klebe das getrocknete Moos flächig auf. Nach dem Trocknen klebst du das Dach an den Rändern der Schachtelteile auf die beiden Hausteile auf.

Windkraft
Windmühle mit Federrad

1 Übertrage die Vorlage der Windmühle auf weißen, das Dach auf orangefarbenen Fotokarton. Die Fenster zeichnest du auf einen hellblauen und die Türe auf einen grünen Tonpapierrest. Schneide alles aus.

2 Versehe die Türe mit einem Mittelstrich und einer Klinke, die Fenster mit Fensterkreuzen. Verwende hierfür den schwarzen Filzstift.

3 Klebe alle Teile sorgfältig aufeinander.

4 Teile den Korken mit dem Messer quer in der Mitte. Mit dem Handbohrer bohrst du in beide Korkenteile mittig ein Loch.

5 Ein Korkenstück bekommt zusätzlich an den Seiten vier Löcher. Ordne sie genau gegenüber kreuzförmig an und bohre 1 cm tief. Klebe hier die Federkiele ein.

6 Bohre in das Dach mit dem Handbohrer mittig ein Loch. Befestige das Drahtende an einer Perle, ziehe das Korkenstück mit den Federn durch den Draht, stecke eine Perle auf und stecke den Draht durch das Loch im Mühlendach. Dann steckst du wieder eine Perle auf und umwickelst den Holzstab am oberen Ende mit dem Drahtrest.

7 Fixiere die Windmühle in der Mitte mit Klebefilm am Holzstab. Blase dann kräftig seitlich an die Federn – schon dreht sich die Windmühle!

Das brauchst du

Schwierigkeit
● ● ●

* Fotokarton in Weiß und Orange, A4 (alternativ Strukturkarton)
* Tonpapierrest in Hellblau und Grün
* Korken
* 4 gleiche Vogelfedern, 3–4 cm breit, 12 cm lang
* 3 Holzperlen in Weiß, ø 1 cm
* Blumendraht, ø 0,65 mm, 30 cm lang
* Rundholzstab, ø 1 cm, 45 cm lang (alternativ Haselnussrute)
* Filzstift in Schwarz
* UHU Stic
* Klebefilm
* Küchenmesser
* Handbohrer, ø 1,5 mm

Vorlage Seite 127

Gewusst?
Seine Federn schützen den Vogel einerseits vor Wasser und Kälte, andererseits verleihen sie ihm seine Farbe. So kann er sich gegen Feinde tarnen oder ist hübsch für die Balz. Mithilfe seiner Federn kann ein Vogel fliegen, lenken oder schwimmen. Obwohl eine einzelne Feder sehr wenig wiegt, wiegt das Gefieder eines Vogels doppelt so viel wie sein komplettes Skelett.

Freibeuter

Rindenboot deluxe

Schwierigkeit
● ● ●

* gebogenes Rindenstück, 35 cm lang
* Universalpapier in Weiß, A4
* Tonpapierrest in Rot
* Acrylfarbe in Braun und Weiß

* 2 Schaschlikspieße, 20 cm lang
* 2 Zahnstocher, 8 cm lang
* 2 Korken
* Sektkorken
* Weißleim
* Handbohrer, ø 1,5 mm–2 mm

Vorlage Seite 128

1 Suche ein passendes Rindenstück für deinen Mehrmaster.

2 Schneide die zwei Korken der Länge nach durch. Von diesen halben Korken schneidest du einen noch mal zur Hälfte durch.

3 Male alle Korken mit brauner Farbe an. Lasse die Farbe trocknen.

4 Auf den Sektkorken malst du mit weißer Farbe Fenster auf. Klebe die Korken in der Reihenfolge der Zeichnung von Seite 128 auf den Rindenboden. Klebe die Korken mit Weißleim auf die Rinde.

5 Übertrage die Segel je zwei mal auf das weiße und die Fahnen auf das rote Papier und schneide alles aus. Stich mit einer spitzen Schere die Löcher vor und schiebe die Segel der Reihe nach auf den Schaschlikspieß. Zuerst das größte, dann das mittlere, zuletzt das kleinste. An der Mastspitze klebst du noch die rote Fahne fest.

6 Nun steckst du noch die kleinen Segel auf die Zahnstocher. Durchbohre mit dem Handbohrer die Mitte des halben Korkens ganz links und des Sektkorkens rechts und klebe die Spitzen ein.

Südseeklänge

Kokosnusstrommel

1 Du benötigst die Hilfe eines Erwachsenen: Sägt gemeinsam die Kokosnuss durch.

2 Löse das Fruchtfleisch aus der Nuss – du kannst es natürlich naschen!

3 Schleife die Nussschale und die Sägekante glatt. Bearbeite sie dazu rundherum mit einer Feile.

4 Schmirgle dann nach.

Tipp
Statt des Transparentpapiers kannst du auch eine Tüte zum Bespannen nehmen. Fixiere sie straff mit Haushaltgummis.

Gewuust?

Die Palme wird in vielen Ländern „Baum des Himmels" genannt, weil ohne sie kaum Leben möglich wäre: Ihre Früchte dienen auf Tropeninseln als Nahrung und Getränk, ihr Holz als Baumaterial für Hütten, ihre Blätter als Dachbedeckung, ihre Fasern zum Flechten von Hauswänden, Körben und Matten und ihre trockenen Samenkapseln, die Kokosnussschalen, werden als Brennmaterial benutzt.

5 Schneide aus dem Transparentpapier zwei Kreise aus, die mindestens 10 cm größer sind als deine Nuss.

6 Bestreiche erst einen Kreis vorne und hinten dick mit Tapetenkleister. Nach kurzer Einwirkzeit setzt du das Papier mittig auf das Loch und streifst den überstehenden Papierrand ringsherum fest an die Seiten der Kokosnuss. Wiederhole den Vorgang mit dem zweiten Papierkreis.

7 Lasse die Trommel einen Tag lang trocknen. Binde den Bast fest um den Rand.

Tipp

Du kannst auch eine Kokosnussrassel anfertigen. Säge die abgeschmirgelte Nuss in der Mitte durch und entferne das Fruchtfleisch. Fülle kleine Steine oder trockenen Reis hinein und klebe die Hälften mit Weißleim wieder zusammen. Dann kannst du die Rassel mit Acrylfarben bunt bemalen. Nimm die fertige Kokosnussrassel in beide Hände und schüttle sie zum Takt.

Becherbohne

Gartenprojekt im Plastikbecher

Schwierigkeit
● ● ●

* Plastikbecher in Transparent, ⌀ 7,5 cm, 8 cm hoch
* Seidenpapierreste in Orange und Grün
* Kleister und Wasser
* mittlerer Haarpinsel
* Washitape in Weiß mit blauen Streifen
* Krepppapier in Gelb
* 3 Feuerbohnen

1 Reiße die Seidenpapierreste in 1 cm große Schnipsel und beklebe damit den Plastikbecher. Sehr hübsch ist es, wenn du den oberen Rand mit grünen und den unteren Rand des Plastikbechers mit Schnipseln in Orange verzierst. Lasse das Seidenpapier gut durchtrocknen. Dann klebst du noch etwas Washitape um den Becher.

2 Reiße kleine Fetzen vom Krepppapier ab, knülle sie zusammen und stecke sie in den Plastikbecher.

3 Lege auf drei Seiten je eine Bohne zwischen Plastikbecherwand und Krepppapier. Fülle vorsichtig Wasser in den Becher, sodass sich das Krepppapier vollsaugen kann.

4 Stelle den Becher an einen sonnigen Platz auf das Fensterbrett. Schon nach wenigen Tagen wird sich der erste Keim zeigen. Nun kannst du beobachten wie die Bohnenpflanze wächst. Siehst du ihre Wurzeln? Lasse die Pflanze immer an der gleichen Position am Fensterbrett – sie richtet sich nämlich nach der Sonne aus – und sorge dafür, dass das Krepppapier immer feucht bleibt.

5 Schaut die Bohne über den Becherrand hinaus und hat schon zwei Blätter bekommen, pflanzt du sie (direkt nach den Eisheiligen) ins Beet oder in einen großen Blumentopf. Sie braucht dann einen langen Holzstab (schau mal auf Seite 18), an dem sie hochranken kann.

Tipp

So machst du eine verrückte Blumenampel: Schneide eine Plastikflasche 10 cm nach dem Flaschenhals ab. Den Verschluss drehst du fest zu. Mithilfe einer Lochzange stanzt du am oberen Rand genau gegenüber zwei kleine Löcher. Ziehe eine Kordel (hübsch ist Baker's Twine) als Aufhängung durch und verknote die Enden. Fülle die Flasche mit kleinen Krepppapierkügelchen, lege Bohnen oder Trichterwindensamen dazwischen und fülle den Flaschenhals mit Wasser.

Blühende Menagerie

Fensterbild mit gepressten Blüten

Das brauchst du

Schwierigkeit
• • •

* 30 Rosenblütenblätter in Gelb und Pink, gepresst
* 10 Krokusblütenblätter in Gelb, gepresst
* 7 Hortensienblütenblätter in Blau, gepresst
* Overheadfolie, A4

* Transparentpapier, A4 (alternativ Architektenpapier)
* Plastikbecher, ø 9,5 cm und 7,5 cm
* Permanentmarker in Orange, Rot und Gelb, dick
* Permanentmarker in Schwarz, dünn
* Satinbändchen in Rot, 4 mm breit, 1 m lang
* alte Kataloge oder Telefonbücher zum Pressen
* UHU Alleskleber Kraft

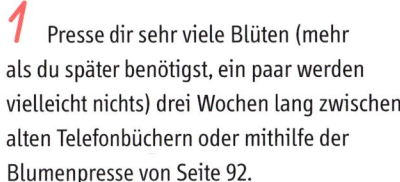 Presse dir sehr viele Blüten (mehr als du später benötigst, ein paar werden vielleicht nichts) drei Wochen lang zwischen alten Telefonbüchern oder mithilfe der Blumenpresse von Seite 92.

2 Stelle einen Plastikbecher auf Transparentpapier und umfahre ihn jeweils mit einem anderen Permanentmarker. Schneide die Kreise aus. Schneide ebenso viele genauso große Kreise aus der Overheadfolie aus.

3 Lege die gepresste Blütenblätter auf den Transparentpapierkreisen zu Tieren und fixiere die Blütenblätter dann mit Alleskleber.

4 Male mit schwarzem Permanentmarker Mund, Fühler, Beine, Schnurrhaare und Augen auf.

5 Verbinde die einzelnen runden Bilder mit 2 cm langen Satinbandstücken, indem du die Enden mit Alleskleber fixierst, dann auch die Overheadfolie am Außenrand mit Klebstoff bestreichst und gegen das Transparentpapier und das Satinband klebst. Bringe ein langes Stück am obersten Bild als Aufhängung an.

> ### Tipp
> Blumenpflücken in freier Natur ist schön und du kannst dir schnell einen Vorrat an gepressten Schätzen anlegen. Aber pflücke nur so viele Blumen, wie du benötigst und nur solche, die nicht unter Naturschutz stehen. Reiße auf keinen Fall die Wurzeln mit aus! Breche den Stängel relativ weit unten ab, so kann die Pflanze weiterleben. Wasche dir anschließend die Hände – viele Pflanzen sind giftig.

Bei den Comanchen

Indianerdorf mit Korkbewohnern

Das brauchst du

Schwierigkeit
● ● ●

* 10 Korken
* Satinbandreste in Rot, Orange, Lila und Grün, 2 cm breit
* Satinbandreste in Gelb, Lila und Grün, 0,4 cm breit

* Ringelbandtresse in Hellgrün, Orange und Rot, 0,5 cm breit, 9 cm lang
* Tonpapier in Hellbraun
* Tonpapierreste in Braun und Gelb
* Selbstklebepunkte in Rot, Gelb, Blau, ø 1,2 cm
* Acrylfarbe in Braun
* Aquabuntstifte in Weiß, Gelb, Blau, Grün, Orange und Rot
* Permanentmarker in Schwarz und Rot
* Haselnuss mit Schale, ø 2 cm

* 4 Federn 2–3 cm lang,
* 3 dünne Zweige, ø 3–5 mm, 13 cm lang
* Zweig, ø 2 mm, 50 cm lang
* Bastreste in Natur, 1 m lang
* Schnur in Natur, ø 1–2 mm, 1 m lang
* Küchemesser
* UHU Alleskleber Kraft

Vorlage Seite 128

Hinweis

Kork wird aus der Rinde der Korkeiche gewonnen und ist ein reines Naturprodukt. Neuerdings werden Weine auch mit Korken aus Plastik verschlossen. Die kannst du wie Naturkork verarbeiten und bemalen. Allerdings verrotten sie nicht – aus Plastikkorken Gebasteltes solltest du also nicht in der Natur vergessen!

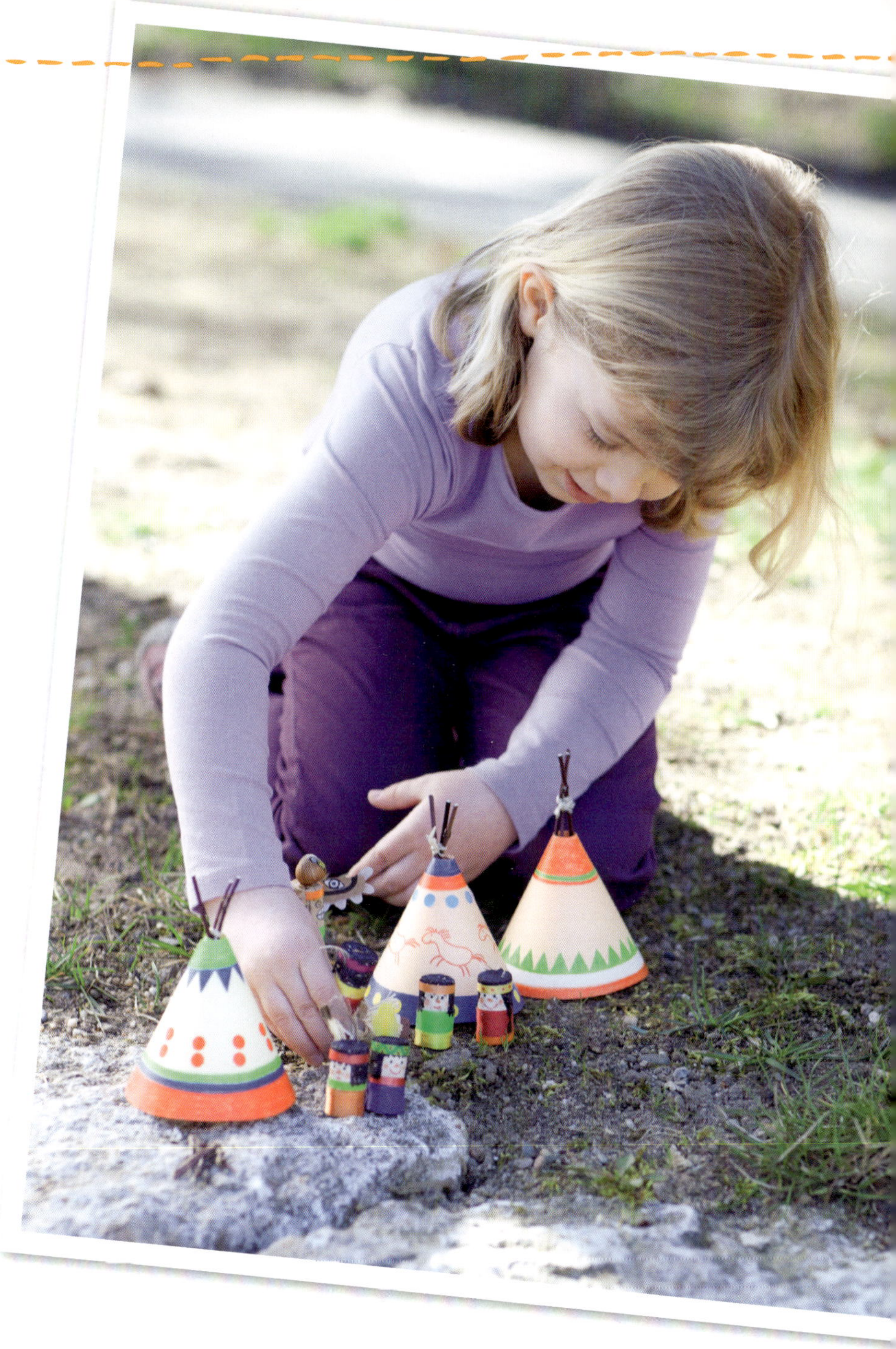

1 Übertrage die Vorlagenzeichnung auf Tonpapier und schneide das Tipi aus. Verziere es mit Selbstklebepunkten und Buntstift-Mustern. Klebe die Seiten 1 cm überlappend fest. Umflechte mit der Schnur drei Zweige dreifach, 3 cm vom oberen Ende aus oben. Verknote die Schnur fest und schneide den Rest ab. Drücke die Zweige aneinander, stülpe das Zelt darüber und drücke die Zeltstangen innen an die Zeltwand.

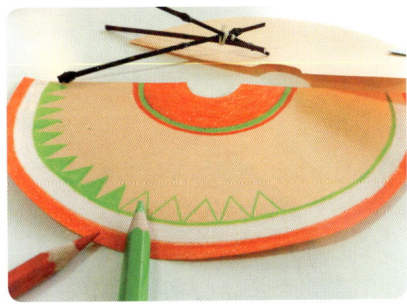

2 Übertrage die beiden Adlerflügel für den Totempfahl auf braunes, den Schnabel auf gelbes Papier. Schneide alles aus. Knicke die Flügel an den gestrichelten Linien nach hinten. Bemale die Adlerflügel mit Buntstiften. Verziere zwei Korken mit Bändern und bemale diese mit Gesichtern. Diese Korken aufeinander kleben. Klebe die Nuss als Adlerkopf oben auf die Korken, klebe den Schnabel an und male die Augen darauf. Die Flügel links und rechts an den obersten Korken kleben.

3 Für einen Comanchen klebst du, 2 cm vom unteren Rand entfernt, 9 cm lange Bänderreste um den Korken. Male die Augen mit schwarzem, den Mund und die Nase mit rotem Permanentmarker auf. Dann malst du mit schwarzem Marker die Haare auf. Um den Kopf klebst du das Ringelband als Stirnband. Du kannst dieses auch noch mit Stiften verzieren und eine kleine Feder rankleben.

4 Für das Pferd (siehe auch Seite 101) halbierst du zwei Korken der Länge nach mit einem Küchenmesser. Dabei kannst du dir von einem Erwachsenen helfen lassen. Eine Hälfte davon noch mal durchschneiden für die Hinterbeine. Schneide von einer anderen Hälfte zwei Drittel für den Kopf ab. Schneide den Bast in 15 Stücke, die jeweils 5 cm lang sein sollten. Die Baststücke klebst du als Mähne an. Male mit brauner Farbe Flecken auf das Fell. Die Augen zeichnest du mit schwarzem Filzstift auf.

5 Schneide einen dünnen Zweig in 2–3 cm lange Stücke und lege diese wie ein Lagerfeuer zusammen.

Beeindruckend!

Geschenkpapier mit Blättern bedruckt

Schwierigkeit
● ● ●

* Zeichenpapier in Braun, 50 cm x 70 cm (alternativ Packpapierrolle)
* Acrylfarbe in Weiß, Gelb, Türkis, Rosa und Lindgrün
* schmaler Borstenpinsel
* Blatt (Eiche oder Ahorn)
* Kartonrest
* Linolwalze

1 Bestreiche das Blatt an seiner Unterseite mit Farbe.

2 Lege das Blatt vorsichtig auf den Papierbogen. Achtung: Sobald das Blatt einmal liegt solltest du es nicht mehr bewegen, sonst verwischt die Farbe!

3 Lege den Kartonrest auf das Blatt und rolle kräftig mit der Linolwalze über das Ganze. Achte auch dabei besonders gut darauf, dass nichts verrutscht.

4 Arbeite mit viel Fingerspitzengefühl: Entferne zunächst vorsichtig den Karton und anschießend das Blatt.

5 Zum Vorschein kommt dein erster Blätterdruck. Siehst du die Blattadern?

6 Es gibt unzählige Möglichkeiten, wie du dein Geschenkpapier mit dem Blätterdruck gestalten kannst. Besonders wirkungsvoll ist es, wenn du entweder sehr viele Drucke auf einen Bogen Papier druckst (zum Beispiel in ordentlichen Blätterreihen), oder sehr sparsam druckst (zum Beispiel ein einzelnes Blatt zweifarbig übereinander).

Tipp

Das Geschenkpapier ist nicht nur im Herbst ein großartiger Hingucker! Mach dir einen Jahresvorrat, einen ganzen Stapel Geschenkpapiere in verschiedenen Farben. Umso mehr Weißanteil die gedruckte Farbe hat, umso mehr leuchtet sie. Versuche es auch mal mit Neonfarben, mit reinem Ultramarinblau oder mit Schwarz und Silber.

Bonsaibild

Fensterbild mit Stockrahmen

Das brauchst du

Schwierigkeit
● ● ○

* 4 Stöcke, 13 cm lang
* Bast in Natur, 2 m lang
* Kettgarn, 90 cm lang
* Tonpapier in Grün und Braun
* 14 Hagebutten
* 3 Zweige
* Moos
* 2 Buchenkapseln
* 1 Schneckenhaus
* 4 Blütenstände der Waldrebe
* Gartenschere
* UHU Alleskleber extra

Vorlage Seite 128

Tipp
Bucheckern sind die Früchte der Rotbuche. Die dreikantigen Nüsse der Buche sitzen zu zweit in einem vierlappigen Fruchtbecher, der außen ganz rau ist. Eine Buche trägt Früchte wenn sie mindestens 40 Jahre alt ist.

2 Verbinde nun die Ecken, indem du sie kreuzweise mit Bast umwickelst. Gib einen kleinen Tropfen Klebstoff auf den Knoten.

3 Bringe an der Rahmenoberseite einen etwa 90 cm langen Aufhängefaden aus Kettgarn an. Verknote ihn auf der Rückseite.

4 Übertrage die Voralgenzeichnung für das Baummotiv auf grünes und braunes Tonpapier.

1 Nimm vier etwa gleichlange Stöcke und lege sie zum Quadrat. Kürze sie falls nötig mit der Gartenschere.

5 Schneide Baumkrone und Stamm aus. Klebe den Stamm von der Rückseite an der Baumkrone fest.

6 Klebe deinen Papierbaum nun am Holzrahmen fest und verziere das Bild mit hübschem Naturmaterial: Klebe die Waldrebenblütenstände und die Hagebutten auf die Baumkrone, Zweige auf den Stamm und Moos, Buchenkapseln und ein Schneckenhaus auf den Rahmen.

7 Suche dir einen schönen Fensterplatz und hänge dein Bild auf!

Mein erster Schultag

Schultüte mit gepressten Blüten

1 Grundiere zwei Zapfen zuerst in Violett und bemale sie anschließend rosa. Bemale zuerst die Vorderseite, lass die Zapfen trocknen und bemale erst dann die Rückseite.

2 Beklebe den oberen Rand deiner Schultüte mit einer Spitzenborte. Trage dazu Kleber auf der Innenseite auf. Lege die Borte auf die Schultüte und klappe sie am Rand nach innen. Drücke die Borte gut fest.

3 Drehe die Vorderseite der Schultüte zu dir, sodass die Naht hinten ist. Beklebe die Schultüte mit gepressten Tausendschönblüten. Streiche dabei den Kleber möglichst dünn auf die Blüte, lege sie auf deine Schultüte und drücke sie ganz sanft an.

4 Dann werden gepresste Hornveilchen in die Zwischenräume geklebt.

Tipp
Wie du Blüten oder alternativ kleine Blätter selbst pressen kannst, siehst du auf Seite 92.

5 Befestige nun mit Klebstoff ein dünnes grünes Band auf der Borte. Binde aus einem extra Stück Band eine schöne Schleife und klebe auch diese fest.

6 Schneide aus grünem Krepppapier ein 30 cm langes Stück ab und halbiere es. Klebe es als Verschlussmanschette innen in die Schultüte.

7 Klebe an deine gut getrockneten Zapfen eine Schlaufe aus dünnem rosa Band.

8 Befülle deine Schultüte mit allerlei Leckereien (oder bitte deine Eltern, das zu tun) und binde sie mit einer schönen Schleife zu. An die Enden knotest du die vorbereiteten Zapfen. Achte darauf, dass die Zapfen oberhalb der getrockneten Blüten hängen, damit diese lang heil bleiben!

Zum Muttertag

Minikörnermandalas

Schwierigkeit
● ● ●

* Fotokarton in Braun, Grün oder Rot, A4
* verschiedene Körner und Kerne, z. B. Mais, Hirse, rosa Pfeffer, rote Linsen, Erbsen, Bohnen, Kürbiskerne
* Essstäbchen aus Holz oder Bambus, 25 cm lang (alternativ Schaschlikspieß)
* Bast oder Schleifenband, 20 cm lang
* UHU flinke Flasche

Vorlage Seite 129

1 Übertrage den Kreis von der Vorlage zweimal auf den Fotokarton und schneide ihn sorgfältig aus.

2 Zeichne dein gewünschtes Motiv auf den Kreis. Male mit dem Kleber ein kleines Stück des Motivs aus und streue die Körner, die du dir ausgesucht hast, darauf. Drücke sie ein wenig fest und drehe das Bild dann vorsichtig um, so können die überschüssigen Körner herunterfallen. Dann kommt das nächste Stückchen dran.

3 So geht es weiter, bis das ganze Motiv mit Körnern beklebt ist. Gestalte auch den zweiten Kreis.

4 Nach dem Trocknen kannst du auf der Kreisrückseite ein Holzstäbchen festkleben, den zweiten Kartonkreis dagegen kleben und den Stiel mit etwas Bast oder einer schönen Schleife verzieren. Fertig ist ein großartiger Blumenstecker!

Natur-
material
und
Textilien

Basteln mit Naturmaterial und Textilien

Das solltest du darüber wissen

Schneiden

Stoff kann man oft gut reißen, verwende zum Schneiden eine spezielle Stoffschere. Mit einer Zickzackschere geschnitten, franst Stoff nicht so schnell aus. Wie man mit Stoffresten Bäume in lustige Kerle verwandelt siehst du auf der vorhergegangenen Seite.

Kleben

Textilkleber ersetzt bei ersten Modellen das Heften oder Nähen. Besonders empfehlenswert ist UHU creativ für Bänder.

Nähen

Heftstich

Stelle dir eine Linie vor. Auf dieser Linie stichst du aus und ein Stückchen weiter wieder ein. Wiederhole diesen Vorgang in gleichmäßigen Abständen. Genäht wir von links nach rechts mit 5 mm langen Stichen.

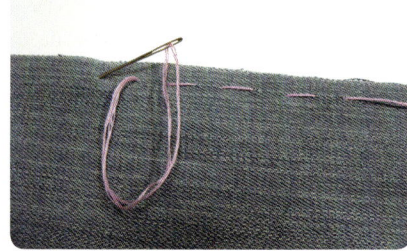

Saumstich

Stich mit deiner Nadel etwa 5 mm von der Stoffkante entfernt von unten nach oben durch den Stoff. Führe die Nadel wieder nach unten und stich seitlich versetzt erneut nach oben durch. Die entstehende Fadenschlaufe fasst deinen Stoff ein und verhindert ein Ausfransen.

Sticken

Stanze mithilfe eines langen Nagels und eines Hammers Löcher in das Naturmaterial, das du besticken möchtest. Prima geht das mit Rinde, ausgehöhlten Kürbissen oder den Schalen von Zitrusfrüchten. Wenn du eine Baumscheibe oder ein Brett besticken möchtest, muss ein Erwachsener die Löcher mit einer Bohrmaschine vorbohren.

Umwickeln

Einen großen Felsen, einen Ast oder ein großes Stück Treibholz können schon die Kleinsten umwickeln. Das macht auch in der Gruppe großen Spaß! Du benötigst dazu sehr viel Wolle und solltest möglichst lückenlos arbeiten. Wenn du ein neues Knäuel beginnst, kannst du es einfach an den Fadenrest des alten anbinden. Schon hat ein harter Gegenstand eine kuschelweiche Oberfläche.

Weben

Du hast sicher schon einmal mit Fäden gewoben – du kannst aber auch mit langen Federn, Gräsern oder Getreidehalmen weben. Suche dir ein Stück Maschendrahtzaun und webe regelmäßig einen Stoff- oder Birkenrindenstreifen hindurch: einmal über, einmal unter den Draht. Die nächste Reihe arbeitest du versetzt.

Fadenspanngrafik

Wenn du in ein Holzbrett Nägel einschlägst, kannst du Wolle von Nagel zu Nagel spannen. Umwickle jeden Nagel einmal mit dem Wollfaden und spanne die Wolle zum nächsten Nagel. Die kreuz- und quer gespannte Wolle ergibt ein Fadenbild. Schön sieht es aus, wenn du verschiedenfarbige Fäden spannst.

Filzen

Du kannst Bastelfilz verwenden oder selbst Wolle verfilzen. Das geht so:

Nadelfilzen

Lege trockene Filzwolle auf eine Schaumstoffunterlage und bearbeite sie vorsichtig mit einer Filznadel. Durch das Nadelpieken werden die Wollhärchen miteinander verfilzt und sehr fest. Wenn du die Wolle beispielsweise in ein Backförmchen stopfst, hast du ganz schnell eine hübsche Form. Löse die Filzwolle immer wieder von der Unterlage und wende sie. Arbeite langsam und konzentriert, damit du dich nicht stichst.

Tipp

Wie man Stoff mithilfe von Zwiebelschalen färbt siehst du auf Seite 15.

Nassfilzen

Filzwolle kann man in warmem Seifenwasser zu einem stabilen Gewebe verfilzen. Lege dazu trockene Wollflocken dachziegelartig aufeinander. Besprühe die Wollfläche mit warmem Seifenwasser. Reibe sie erst sanft dann immer fester. Ist dein Filzobjekt so, wie du es dir vorstellst, dann walkst du es noch: Du legst es in ein Handtuch und knetest es so hart du kannst. Dabei schrumpft es etwas. Dann wäschst du die Seifenlauge mit Essigwasser heraus und lässt deine Filzkunst trocknen.

Eingewickelt!

Baum mit Wolle umwickelt

Das brauchst du

Schwierigkeit
● ● ○

* Knäuel Baumwollgarn in Gelb, Türkis, Lila, Petrol, Grau, Dunkelrot, Dunkelblau, Pink, Hellgrün und Hellblau

1 Suche dir einen schönen Baum aus.

2 Umwickle den Baumstamm mit Wolle. Knote dafür das Fadenende eines Knäuels an den Stamm und laufe rund um den Baum herum. Wiederhole diesen Vorgang mit verschiedenen Wollfarben. Achte darauf, dass du die Wolle nicht nur um eine Stelle wickelst, sondern sie den Baum „hinauf wachsen" lässt.

3 Wenn es der Baumbesitzer erlaubt, kann die Wolle am Stamm verbleiben. Sie verrottet dort langsam und beschädigt den Baum nicht.

Tipp

Es macht besonders viel Spaß, wenn du den Baum mit deinen Freunden zusammen umwickelst. Jeder knotet ein Fadenende an den Baumstamm und dann geht der Rundlauf los. Wenn sich dabei die Fäden verheddern, sieht das aus wie die Bänder eines Maibaums – spannt ihr die Wolle auch zu einem zweiten Baum?

Sonntagsspaziergang

Kastanienmännchenfamilie

Schwierigkeit
● ● ●

* 3 Eicheln mit Hütchen
* 5 Eichelhütchen lose
* Eichel ohne Hütchen
* Kastanie, groß
* 2 Kastanien, klein
* Kiefernzapfen, klein
* Rindenstück
* 9 Ästchen
* 9 Herbstblätter
* UHU Alleskleber extra Gel
* Bastelfilzreste in Lila, Grün und Blau
* Textilband in Orange, 3 mm breit, 3 cm lang
* Nähgarn in Grün, 10 cm lang
* Nadel
* Schere
* Hammer
* Nagel

Zapfenfrau

1 Klebe eine Eichel an einen kleinen umgedrehten Kiefernzapfen.

2 Klebe einen 10 cm langen und 5 mm breiten blauen Filzstreifen als Schal um den Hals der Zapfenlady.

Kastanienmann

1 Stich mit dem Nagel vier Löcher für Arme und Beine in die große Kastanie.

2 Stecke vier kleine Ästchen, mit einem Tropfen Kleber beträufelt, als Arme und Beine in die Löcher. Zwei Ästchen mit einem gewachsenen Knick eignen sich gut als Beine. So kann das Männchen, wenn das Gewicht gut ausbalanciert ist, frei stehen.

3 Klebe ein Eichelhütchen an eine kleine Kastanie und klebe beides als Kopf an die große Kastanie.

4 Klebe einen 10 cm langen und 5 mm breiten lilafarbenen Filzstreifen als Schal um den Hals des Kastanienmannes.

Tipp

Aus fünf Ästchen, die du oben mit einem Wollfaden oder einem Grashalm fixierst, kannst du schnell ein Zelt für deine Kastanienkerle basteln: Klebstoff auf die Äste und Stoff darüberlegen – fertig.

Kastanienkind

1 Klebe eine Eichel mit Hütchen an eine kleine Kastanie.

2 Schneide ein 4 cm langes und 2 cm breites Stück lilafarbenen Filz aus und binde es mit dem orangenen Textilband als Umhang um das Kastanienkind.

Eichelbaby

1 Klebe eine Eichel mit Hütchen an eine Eichel ohne Hütchen.

2 Nähe aus einem 8 cm langem und 4 cm breiten Stück grünem Filz einen kleinen Schlafsack. Falte dafür den Filz mittig, schiebe die obenliegende Eiche 1 cm nach unten, schneide ihn in Form und vernähe die Außenkanten mit Nähgarn.

Tipp

Du kannst deine kleine Familie auch in eine selbstgebaute Landschaft setzten. Lege Wege und Bäche aus bunten Textilbändern. Grüne und blaue Tücher können zum Beispiel zu Seen und Wiesen werden. Aus Märchenwolle kannst du prima Büsche und Sträucher formen.

Kinderwagen

1 Klebe vier Eichelhütchen an die Unterseite eines kleinen Rindenstücks, sodass die Öffnung nach außen zeigt.

2 Klebe zwei gebogene Ästchen als Griffe an die obere Außenkante des Rindenstücks.

Bäume

Klebe drei Herbstblätter mit ihren Stielen an drei kleine Ästchen. Fertig ist die Spiellandschaft und die Kastanienfamilie kann im Park spazieren gehen.

Herbstlicht

bestickte Kürbisleuchte

Das brauchst du

Schwierigkeit
● ● ●

* großer Kürbis, 40 cm hoch
* Obstmesser
* Löffel
* Nagel
* Hammer
* Sticknadel
* Baumwollgarn in Pink, Gelb und Türkis
* Teelicht und Stabfeuerzeug

Vorlage Seite 126

1 Markiere die gewünschten Schnittstellen an deinem Kürbis mit der Spitze des Obstmessers.

2 Schneide zunächst den Kürbisdeckel ab.

3 Höhle den Kürbis mit dem Löffel aus.

4 Ritze nun rund um den Kürbis herum, 9 cm breite und 20 cm lange Dreiecke ein. Die Dreiecke sollten 5 cm Abstand voneinander haben und im Wechsel mit der Spitze nach oben und nach unten zeigen. Eine Vorlagenzeichnung für das Dreieck findest du auf Seite 126. Schneide das Dreieck mit dem Obstmesser in die Kürbisschale ein.

5 Schnitze anschließend innerhalb des Dreiecks die Schale ab und höhle die Dreiecke soweit aus, dass nur noch eine dünne Kürbisfleischschicht die Dreiecke verschließt.

6 Stich mit Hammer und Nagel jeweils 3 cm oberhalb und unterhalb der Dreiecksspitzen zwei Löcher durch das Kürbisfleisch. Vergrößere die Löcher mit dem Obstmesser.

7 Umstiche die Dreiecke mit drei Garnfarben. Benutze die vorgestochenen Löcher als „Nähweg".

8 Nun warte bis es dunkel wird und stelle dann ein Teelicht in den Kürbis und verschließe ihn mit dem Deckel. Schau wie schön er leuchtet!

Was für ein Lärm!

Walnuss-Klapper

Schwierigkeit
● ● ●

* 10 Walnusshälften
* Haselnussstock, ø 2–2,5 cm,
  25 cm lang
* Ringschraube, 1,2 cm lang, Ring
  ø 0,5 cm
* Bänder in Hellblau, Hellgrün, Gelb,
  Lila mit weißen Punkten und Rot-
  Weiß kariert, 30 cm lang
* Satinband in Orange mit Pünktchen,
  50 cm lang
* UHU flex & clean Kraft

1 Nicht nur zu Fasching oder zum Sambafest kann man diese Klapper prima gebrauchen! Drehe die Ringschraube mittig in die Oberseite des Haselnusszweigs.

2 Knote je ein Ende der Bänder an die Schraube.

3 Verknote die andere Seite der Bänder, lege den Knoten in eine der Walnüsse und klebe diese wieder zusammen.

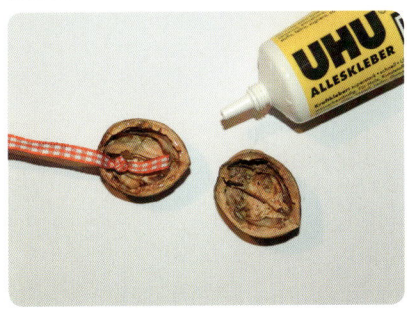

4 Den Ast kannst du noch mit dem orangefarbenen Band verzieren: Klebe es spiralförmig und den Stock. Nun kann die Musikstunde beginnen!

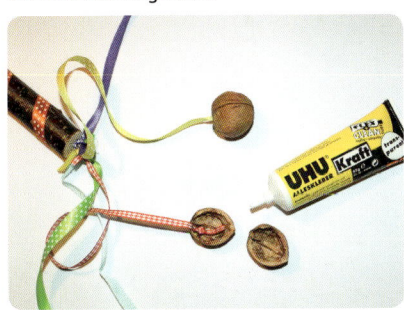

Tipp
Aus Walnüssen kannst du auch prima Kastagnetten herstellen. Schneide einen 5 cm breiten und 16 cm langen Kartonstreifen zu und falte ihn in der Mitte. Wenn du magst, kannst du ihn noch bemalen oder bekleben. Fixiere nun an jedem Ende auf der Innenseite eine halbe Walnussschale. Los geht's!

Der Langeweile keine Chance!

Spielfeld to go

Schwierigkeit

• • •

* Filzplatte in Cremeweiß,
  27 cm x 27 cm, 3 mm stark
* Lederimitat in Mittelbraun,
  30 cm x 45 cm
* 2 Lederbänder in Mittelbraun,
  50 cm lang
* 16 Steinchen
* Textilfarbe in Weiß, Rosa, Rot, Grün,
  Gelb und Schwarz

* Nähgarn in Grün, 2,50 m lang
* Kartonreste
* Moosgummirest
* doppelseitiges Klebeband
* Stecknadeln
* Nähnadel
* Schere
* schmaler Borstenpinsel
* Küchenrolle
* Würfel

Vorlage Seite 131

Spielfeld

1 Fertige drei verschiedene Moosgummistempel an. Schneide zwei Kreise mit ø 1,5 cm und ø 1,2 cm und einen Ring mit ø 2 cm aus. Klebe jede Form einzeln mit doppelseitigem Klebeband auf einen Kartonrest.

2 Übertrage die Spielfeldvorlage im Anhang auf die Filzplatte.

3 Stemple zunächst mit dem größeren Kreis die Hauptfelder. Bestreiche den Moosgummikreis mit Farbe und drücke ihn vorsichtig aber kräftig an entsprechender Stelle auf die Filzplatte. Achtung: Bei einem Farbwechsel solltest du den Stempel zunächst mit einem Stück Küchenrolle sauber wischen.

4 Fahre mit dem kleineren Kreis auf die gleiche Art und Weise fort.

5 Stemple zuletzt die schwarzen Ringe über jedes Hauptfeld. Lege die Filzplatte zum Trocknen beiseite.

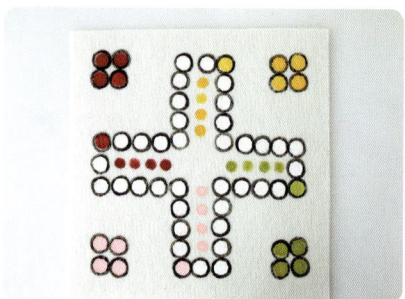

Säckchen

1 Schneide einen Kreis mit Durchmesser 12 cm aus dem restlichen Lederimitat aus.

6 Schneide ein 30 cm x 30 cm großes Quadrat aus dem Lederimitat aus, lege es mit der Rückseite nach oben vor dich hin, falte die Ränder um 2,5 cm nach innen und stecke sie mit Stecknadeln fest.

Knoten in das Fadenende. Stich auf der Rückseite der Filzplatte ein und auf der Vorseite wieder heraus. Stich 1 cm weiter wieder ein und aus dem Lederimitat wieder heraus. Halte dabei ungefähr 5 mm Abstand zum Filzrand.

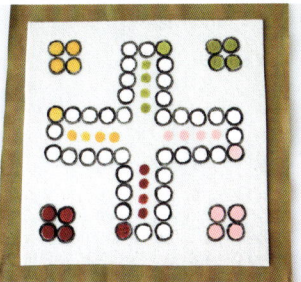

2 Schneide mit der Scherenspitze kleine Löcher im Abstand von 1 cm aufeinander folgend und mit 5 mm Abstand zum Stoffrand ein.

8 Nun kannst du das Spielbrett einrollen und mit einem Lederriemen verschließen.

3 Fädle das Lederband ein und schiebe den Stoff zusammen. Schon hast du ein Säckchen für deine Spielsteine!

Spielsteine

1 Male die Oberseite der Kiesel mit Textilfarbe an. So haben sie dieselbe Farbe wie die Spielfelder. Bemale immer vier Steinchen in einer Farbe, sodass du vier grüne, vier rosafarbene, vier rote und vier gelbe Steine hast.

7 Lege die Filzplatte mittig darauf, stecke sie mit Stecknadeln fest und nähe beides mit einem Heftstich zusammen. Fädle dafür das Nähgarn auf die Nadel, mache einen

Kleine, feine Eulenkinder

selbst genähte Kirschkernkissen

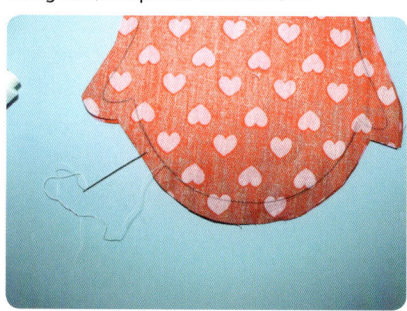

Das brauchst du

Schwierigkeit

● ● ●

* Baumwollstoff mit Herzmuster (alternativ Lieblingsmuster), 50 x 22 cm oder 40 x 18 cm
* Baumwollstoffrest in Weiß und Gelb oder Beige
* Rest Bügelvlies in Weiß
* Stoffmalfarbe in Schwarz
* Nadel und Faden
* Kirschkerne, 200 g (für eine kleine Eule) und 360 g (für eine große Eule)

Vorlage Seite 129

2 Bügle das Vlies auf die Rückseite des weißen Stoffes, übertrage die Augen und schneide sie aus. Diesmal ist keine Nahtzugabe nötig.

3 Male die Pupillen mit der Stoffmalfarbe auf und lasse sie gut trocknen. Nähe sie auf die rechte, also schöne Seite deiner Eule.

5 Lege beide Eulen so aufeinander, dass die beiden schönen Seiten nach innen zeigen. Nähe sie entlang der Linie mit Heftstichen zusammen. Den Stich machst du so: Verknote erst ein Ende des Fadens und fädle das andere Ende durch das Nadelöhr. Stich die Nadel von unten nach oben durch alle Stofflagen. Einen Zentimeter weiter stichst du sie wieder von oben nach unten hindurch. Spare an der Unterseite eine Wendeöffnung von 8–10 cm aus. Wenn du fertig bist, stülpst du die Eule um.

1 Übertrage die Eule zweimal auf den Baumwollstoff, einmal davon spiegelverkehrt. Schneide sie mit einer Nahtzugabe, also einem Rand von 1 cm, aus.

4 Bügle auch auf den Schnabelstoff ein Stückchen Vlies und schneide ihn aus. Fixiere ihn ebenfalls an der Eule.

6 Nähe die Flügel ab, wie du es auf dem Foto sehen kannst.

7 Fülle die Eule mit den Kirschkernen und nähe die Öffnung anschließend zu.

Tipp

So wird die Eule kuschelwarm: Du kannst die Eule in Alufolie gewickelt acht Minuten lang bei 110 Grad im Ofen backen. Oder du legst sie (ohne Alufolie!) auf einen kleinen Teller und erwärmst sie in der Mikrowelle bei maximal 600 Watt im 30-Sekundentakt (30 Sekunden erwärmen, schütteln und bei Bedarf nochmals 30 Sekunden erwärmen).

Magisches Theater

Kasperlfiguren mit Apfelkopf

Das brauchst du

Schwierigkeit
● ● ●

* 2 Äpfel, ø 6–7 cm
* 2 Zweige, ø 0,5–1 cm, 45 cm lang
* 2 Teelichthüllen, ø 4 cm
* 2 Haushaltsgummiringe
* Stoffrest in Rot mit Tupfen, 50 cm x 50 cm
* Stoffrest in mit Streublümchen, 30 cm x 30 cm,
* Stoffrest in Dunkelblau mit Katzen, 55 cm x 55 cm
* Stoffrest in Weinrot mit goldenen Sternen, 3 cm x 45 cm und 25 cm x 12 cm
* gemischte Stoffreste
* 20 Birkenreißer, 20 cm lang

* Birkenzweig, ø 0,5 cm, 30 cm lang
* Wickeldraht, ø 0,65 mm, 50 cm lang
* 30 Streifen Naturbast, 10 cm lang
* 2 Eichelhütchen
* halbierte Eichel
* 2 Vogelbeeren
* 3 Sonnenblumenkerne
* etwas Heu
* 2 Hagebutten mit Stiel
* Kordel in Gold, ø 3 mm, 30 cm lang
* Kartonrest
* 7 Stecknadeln mit Metallkopf
* Teller, ø 22 cm
* Permanentmarker in Schwarz
* UHU Alleskleber Kraft
* UHU textil
* Pucksäge
* Bleistiftspitzer
* Wäscheklammer

Vorlage Seite 129

Hexe

1 Kürze einen der beiden Zweige mithilfe einer Säge auf 45 cm Länge. Spitze ein Ende mit dem Bleistiftspitzer an.

2 Bohre den Stab durch eine Teelichthülle. Fixiere die Teelichthülle mit einem Gummiring etwa 3 cm unter der Stabspitze.

3 Schneide ein Stoffquadrat für das Hexenkleid mit Kantenlänge 50 cm zu. Schneide noch etwa zehn kleine Quadrate zu und klebe diese mit Textilkleber auf das Hexenkleid. Falls du sie lieber aufnähen möchtest, dann informiere dich auf Seite 52 über den Heftstich.

4 Lege die Mitte des Stoffquadrats auf die Holzstabspitze und drücke den Apfel von oben dagegen. Falte ein 30 cm x 30 cm Stoffquadrat zum Dreieck und binde es als Kopftuch auf den Apfelkopf.

5 Für die Augen klebst du jeweils eine Vogelbeere in ein Eichelhütchen. Klebe die Augen, eine halbierte Eichel als Nase und drei Sonnenblumenkerne als Mund auf. Als Haare wird etwas Heu an die Stirn geklebt.

6 Binde die Birkenreißer mit Draht zu einem Hexenbesen.

Zauberer

1 Du bereitest den Teelichtstab, das Tuchgewand und den Apfelkopf wie bei der Hexe vor.

2 Für den Hut überträgst du den Halbkreis auf den Karton und schneidest ihn aus. Mit Alleskleber klebst du den Stoff darauf und drückst diesen fest an. Klebe die geraden Seiten etwas übereinander zu einem Spitzhut. Fixiere die Naht mit einer Wäscheklammer und lass den Hut trocknen.

3 Klebe rundherum in den Hut Baststücke und stecke ihn mit Stecknadeln am Apfel fest. So ein Apfelgesicht ist etwa eine Woche haltbar, dann musst du es ersetzen.

4 Für die Augen stichst du die mit Alleskleber bestrichenen Hagebutten mit dem Stiel voraus in den Apfel. Male den Mund mit schwarzem Permanentmarker auf.

5 Falte den Mantelstreifen nach 3 cm um. An den Enden bohrst du jeweils ein Loch mit einer spitzen Schere, ziehst die Goldkordel durch und machst an die Enden der Kordel einen Knoten. Hänge dem Zauberer den Mantel um und verknote die Kordelenden.

Tipp
Gehe auf Forschungsreise: Besonders alte Apfelsorten sind sehr lecker! Sie haben so schöne Namen wie Renette, Morgenduft oder Kaiser Alexander. Vielleicht entdeckst du sie auf dem Wochenmarkt? Teste möglichst viele verschiedene Sorten!

Mäusebande

Wal-, Erd- und Haselnussmäuse

Das brauchst du

Schwierigkeit
● ● ●

* 3 Walnüsse, Haselnüsse oder Erdnüsse
* Filzrest in Hell-, Dunkel- und Mittelbraun
* Filzrest in Rosa
* Wollrest in Dunkelbraun, 30 cm lang
* Stopfgarn einfädig, 15 cm lang
* 6 Rocailles in Schwarz oder Grau, ø 2 mm
* Klebwachs
* weicher Bleistift
* UHU Alleskleber Kraft
* Schere
* ggf. Filzstift in Schwarz

Vorlage Seite 126

4 Schneide für das Schwänzchen etwas Wolle ab. Mache an einem Ende einen Knoten für die Schwanzspitze. Versehe die Mäusekehrseite mit einem Tropfen Klebstoff und drücke den Schwanzanfang hinein. Lass das Schwänzchen antrocknen.

5 Nun schneide ein kleines Herz aus rosa Filz für das Mäusenäschen aus. Für die Schnurrhaare benötigst du vier 3 cm lange Stopfgarnfäden. Gib auf die Nussspitze etwas Kleber und lege die Schnurrhaare

darauf. Darüber klebst du das rosa Herz fest. Die Schnurrhaare kannst du nach dem Trocknen noch etwas kürzen.

6 Falls deine Maus wackelig steht, befestigst du auf der Unterseite kleine Füße aus Klebwachs.

7 Klebe jeder Maus zwei kleine Rocailles als Augen auf oder verwende einen schwarzen Filzstift, um die Augen aufzumalen.

1 Öffne die Walnüsse vorsichtig, sodass die Hälften intakt bleiben. Iss das Innere. Die anderen Nüsse bleiben ganz.

2 Für die Ohren malst du mit Hilfe eines Geldstücks oder der Vorlage auf Seite 126 und dem weichen Bleistift Kreise auf den braunen Filz. Schneide sie aus und schneide dann zusätzlich ein „Kuchenstück" aus jedem Kreis. Klebe die Enden überlappend zusammen.

3 Klebe die Ohren an.

Blätterwirbel

Herbstblättergirlande

Schwierigkeit
• • •

- Astgabel, 60 cm lang
- Baumwollgarn in Gelb, Türkis, Lila, Grau und Dunkelrot, 5 m lang
- Sticknadel
- Schere
- 25 Holzperlen in Weiß, Rosa, Gelb udn Türkis, ø 5 mm,
- 15 Holzperlen in braun, Türkis, Pink und Lila, ø 1 cm,
- 11 Holzperlen in Grün, Weinrot, Grau und Pink, ø 1,5 cm
- 25 Herbstblätter, gepresst (beispielsweise Ahorn, Eiche, Linde)
- 11 Kastanien
- 4 Kiefernzapfen
- 5 Eicheln
- Hammer und Nagel (alternativ Drillbohrer)

3 Fädle zunächst die Sticknadel auf einen der Fäden und mache einen Knoten an das Fadenende.

4 Nun fädelst du im Wechsel Holzperlen und Herbstblätter auf das Garn. Mache einen Knoten nach jeder Perle, damit die Holzperlen in Position bleiben. Die Blätter halten gut, wenn du mit einigen Stichen durch die Blätter hindurch „nähst".

5 Ab und an kannst du auch einen Zapfen, eine Kastanie oder eine Eichel auffädeln. Du solltest sie zuvor mit Löchern versehen, benutze dazu den Hammer und den Nagel.

6 Behänge auf diese Weise alle vier Baumwollgarne und knote sie an die Astgabel. Sehr schön ist diese Herbstdeko als Fensterkette oder an einer großen leeren Wandfläche, beispielsweise im Treppenhaus.

1 Suche dir eine etwa 60 cm lange Astgabel und umwickle sie dicht mit verschiedenfarbigen Baumwollgarnen.

2 Schneide vier 1,60 m lange Baumwollgarne in Lila, Dunkelrot, Türkis und Gelb zu.

Natur-
material
und
Modellier-
masse

Basteln mit Naturmaterial und Modelliermasse

Das solltest du darüber wissen

Unterlage

Gerade farbige Modelliermassen hinterlassen oft Arbeitsspuren. Daher ist es wichtig, dass du deinen Arbeitsplatz mit einer Wachstischdecke oder einem Plastiktischset abdeckst, bevor du ans Werk gehst.

Bienenwachs

Aus Bienenwachswaben kannst du Kerzen rollen: Docht rein, loswickeln, fertig. Du kannst daraus aber auch Formen mit Keksausstechern ausstanzen und aufhängen. Wenn du die Wachsreste in deinen Händen erwärmst, kannst du sie wie Knete verwenden. Diese Knete duftet wunderbar!

Lehm

In der Natur findest du oft Lehm. Er lässt sich nicht wie Ton brennen, aber daraus modellierte und mit Moos und Kieseln verzierte Figuren kannst du an der Sonne aushärten lassen. Der Lehm sollte dann nicht mehr nass werden.

Gips

Modellgips wird mit Wasser angerührt und bindet nach etwa vier Minuten ab. Mit diesen Eigenschaften eignet Gips sich besonders gut dazu, Formen aus- oder abzugießen. Gips erhärtet vollständig an der Luft und muss nicht in den Ofen. Du kannst in den feuchten Gipsbrei Acrylfarbe einrühren oder den trockenen Gips bemalen. Mit Handbohrer, Feile, Raspel und Schmirgelpapier lässt sich das fertige Gipsmodell einfach bearbeiten. Mit Alleskleber kannst du Naturfundstücke an dein trockenes Gipsobjekt kleben.

Brennen

Fimo®, Pluffyknete, Schwimm- und Radierknete müssen im Ofen getrocknet werden.

Je nach Material variieren dabei die Herstellerangaben, die eingehalten werden sollten. Echter Ton und Porzellan werden in sehr heißen Spezialöfen gebrannt. Du kannst in einer Töpferei in deiner Nähe nachfragen, ob du dort deine Kunstwerke brennen darfst.

Naturmaterialien kannst du selten mitbrennen – die meisten verglühen oder platzen bei großer Hitze. Klebe sie auf den abgekühlten Gegenstand auf!

Rezept Salzteig
2 Tassen Mehl
Tasse Salz
Tasse Wasser
Teelöffel Öl

Lasse dein Objekt erst einen Tag trocken, dann kannst du es unter der Aufsicht eines Erwachsenen im Ofen bei 100 Grad für etwa zwei Stunden backen. Fertige Stücke klingen hohl.

Färben

Selbstgemachte Modelliermassen kann man einfärben, indem man Lebensmittel- oder Acrylfarbe beimischt. Für braunen Teig kannst du Kakao einkneten. Wenn du ein naturfarbenes Objekt geknetet hast, kannst du es auch trocknen lassen und anschließend mit Acrylfarben bemalen.

Farben mischen

Farbige Modelliermassen kann man so lange miteinander durchkneten, bis sich die Farben vermischen. Oder man verzwirbelt sie nur miteinander, sodass ein Marmoreffekt entsteht. Man kann aus langen Strängen ganze Musterwürste legen und diese dann scheibchenweise oder zu Kugeln gerollt verwenden. So entstehen herrliche Mille-fiori- oder Schachbrettmuster.

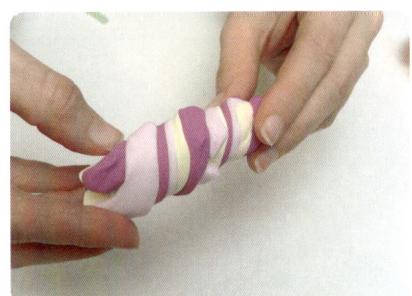

Bemalen

Figuren aus Salzteig oder lufttrocknender Modelliermasse bemalst du am besten mit Acrylfarbe, Ölkreide oder Lack. Du kannst sie nach dem Trocknen der Farbe auch noch mit Lack bestreichen, das macht sie halt-barer. Die Gesichter deiner Figuren kannst du nach dem Trocknen mit wasserfestem Filzstift aufmalen.

Werkzeuge

Zum Modellieren benötigst du vor allem ge-schickte Finger. Manchmal kann aber auch ein Küchenmesser, eine Knoblauchpresse, eine Gabel oder ein Zahnstocher hilfreich sein. Im Bastelladen gibt es außerdem spezielle Modellierwerkzeuge.

Teile zusammensetzen

Fimo®-Teile kannst du einfach zusammen-drücken und mit einem Modellierholz die Ränder nacharbeiten. Bei Salzteig und Ton feuchtest du die Teile, die du zusammen-setzen möchtest, erst leicht mit Wasser an. Größere Teile kannst du auch mit einem Zahnstocherstück verbinden.

Speckstein

Da das Arbeiten mit Speckstein eine sehr staubige Angelegenheit ist, solltest du drau-ßen arbeiten und Arbeitskleidung tragen. Der weiche Speckstein wird mithilfe einer Säge zugeschnitten. Je dunkler er ist, umso härter ist der Stein. Zeichen deine Form mit einem Bleistift auf. Dann kannst du deine Steinscheibe mit groben Feilen und Raspeln bearbeiten. Für feine Arbeiten nimmst du Schmirgelpapier. Wasche dann deinen Stein ab und öle ihn ein. Sollte dir ein Stück vom Stein abbrechen, kann es gut mit UHU plus schnellfest repariert werden.

Unholde überall!

Monsterparade aus Gips

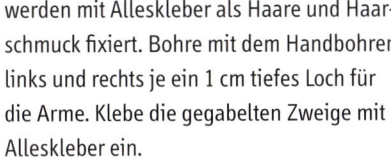

Schwierigkeit

● ● ●

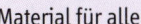

Material für alle

* 1,5 kg Modellgips
* Wasser
* UHU Alleskleber Kraft
* 500 ml Joghurtbecher
* Suppenlöffel
* Handbohrer, ø 1,5 mm
* Schere

Material grünes Monster

* Joghurtbecher, 8 cm hoch
* Päckchen Götterspeisepulver Waldmeister
* Universalpapierrest in Weiß
* 2 Schneckenhäuser in Gelb, ø 2,5 cm
* Vogelfeder in Braun, 4 cm lang
* Walnussschalenhälfte, 3 cm lang
* 3 Lorbeerblätter, 5 cm lang
* 2 gegabelte Ästchen, 6 cm lang
* getrocknetes Moos

Material orangefarbenes Monster

* Joghurtbecher, 8,5 cm hoch
* Tonpapierrest
* Acrylfarbe in Orange
* 2 große Hagebutten mit Stiel, 2 cm lang
* 5 Erdnüsse in Schale, 4 cm lang
* 12 Vogelbeeren
* 2 Kürbiskerne, 2 cm lang
* Heu

Material violettes Monster

* 2 Muffinmanschette, ø 5 cm
* Acrylfarbe in Lila
* Satinband in Rot, 6 cm, 1,5 cm breit
* Buntstift in Schwarz
* 2 Eichelhütchen, ø 2,5 cm
* 2 Holzperlen in Gelb, ø 1 cm
* 2 getrocknete Blütenstände der Wilden Möhre, 5 cm lang

werden mit Alleskleber als Haare und Haarschmuck fixiert. Bohre mit dem Handbohrer links und rechts je ein 1 cm tiefes Loch für die Arme. Klebe die gegabelten Zweige mit Alleskleber ein.

3 Male das orangefarbene Monster (ein Joghurtbecher und der Spitzkegel) und mit Acrylfarbe an. Der Gips saugt die Farbe auf! Trocknen lassen. Beklebe den Spitzhut mit getrockneten Beeren und fixiere ihn mit Alleskleber. Klebe Heuhaare auf. Schneide drei Erdnussschalen längs auf und entferne die Erdnusskerne. Klebe zwei Hagebutten als Augen, die Erdnussschalenhälfte als Nase und eine Beere als Mund auf. Zwei Schalenhälften klebst du als Arme und zwei als Füße an die Gipsform. Als Hände klebst du jeweils einen Kürbiskern auf. Die Füße bekommen jeweils noch eine Beere als Verzierung aufgeklebt.

4 Bemale zwei mit Gips ausgegossene Muffinformen violett. Trocknen lassen. Klebe je eine gelbe Holzperle in die Eichelhütchen. Fixiere diese Augen mit Kleber auf einer lila Gipsform. Schneide das Satinband an einem Ende rund, versehe es mit einem schwarzen Strich und klebe dieses als Zunge oben auf die untere lila Gipsform. Klebe nun auch beide Gipsformen aufeinander. Die Blütenstände klebst du links und rechts als Arme an.

1 Rühre die Gipsmasse aus zwei Dritteln Gipspulver und einem Drittel Wasser in einem großen Joghurtbecher an. Fülle die angerührte Gipsmasse sofort bis zum Rand in kleinere Sahnebecher oder zwei Muffinformen um. Für das grüne Monster rührst du direkt im kleinen Joghurtbecher das Waldmeisterpulver unter. Klebe für das orangefarbene Monster aus einem Tonpapierhalbkreis eine 5 cm hohe Spitztüte. Fülle die Gipsmasse auch hier bis zum Rand ein.

Die Gipsmasse muss dann 24 Stunden gut durchtrocknen. Stürze die Becher nach dem Trocken auf ein weiches Tuch oder ziehe das Muffinpapier ab.

2 Schneide für das grüne Monster aus dem weißen Papierrest zwei spitze Zähne aus. Klebe zwei Schneckenhäuser als Augen, eine Walnussschalenhälfte als Nase, ein Lorbeerblatt als Mund und zwei Lorbeerblätter als Füße an. Das Moos und die Feder

Naturkunst

Kacheln aus Salzteig

Schwierigkeit

● ● ●

* Salzteig (siehe Seite 70)
* Schüssel
* Dose mit glatter Oberfläche, ø 10 cm (alternativ ein Nudelholz und ein leeres Glas)
* verschiedene Naturfunde (Zapfen, Blätter, Muscheln, Gräser, Schneckenhäuser)
* Bleistift (alternativ Zahnstocher)

1 Stelle zunächst einen Salzteig her. Füge dazu alle Zutaten (zwei Tassen Mehl, eine Tasse Salz, eine Tasse Wasser und einen Teelöffel Öl) in einer Schüssel zusammen und verknete sie zu einem glatten Teig.

2 Rolle den Teig auf einer bemehlten Oberfläche 1 cm dick aus. Benutze dafür eine Dose oder ein Nudelholz.

3 Drücke die Naturfunde vorsichtig in den ausgerollten Teig, sodass sich die Struktur der einzelnen Formen im Teig abzeichnet.

4 Stich den Abdruck mit der Dosenöffnung oder einem umgedrehtem Glas aus. So erhältst du runde Kacheln mit einem Relief der Naturfunde.

5 Entferne den restlichen Teig und stich zum Schluss mit einem Bleistift ein kleines Loch zum Aufhängen unter den oberen Kachelrand.

Tipp

Du findest sicher viele verschieden interessante Strukturen in der Natur. Im Salzteig kannst du sie archivieren. Beim nächsten Fest veranstaltest du ein Quiz: Wer errät, welche Struktur woher stammt? Lustig ist auch ein Memospiel, bei dem du verschiedene Teile einer Pflanze abdruckst – wer findet zur Frucht das passende Blatt?

6 Lege die Kacheln zum Trocknen für einen Tag beiseite.

7 Sobald sie vollständig getrocknet sind, kannst du die Salzteigscheibe im vorgeheizten Backofen bei 100 Grad für anderthalb Stunden backen.

BLATT

MUSCHEL

Umgeschnallt
Ethnogürtel mit Specksteinschnalle

Das brauchst du

Schwierigkeit
● ● ●

* 100 g Speckstein in Zartrosa
* 4 Esslöffel Olivenöl (alternativ Specksteinöl)
* Jeansstoffstreifen, 5 cm breit, ca. 70 lang
* Fimo© in Vanille, Purpur und Rosenquarz
* 7 Muscheln, ø 3 cm
* Nadel und Faden
* Stickgarn in Violett
* 2 Druckknöpfe, ø 15 mm

* UHU Alleskleber extra
* Schmirgelpapier, 80er und 320er Körnung
* Nassschleifpapier, 600er und 800er Körnung
* dicker Borstenpinsel
* weiches Tuch
* Plastikwanne
* Keksausstecher „Stern" und „Schmetterling", ø 1,5 cm
* Fuchsschwanzsäge
* Raspel, Feile und Schabwerkzeug
* Kreuzschlitzschraubenzieher
* Specksteinwerkzeug

Vorlage Seite 129

1 Sichere vor dem Arbeiten mit Speckstein deinen Arbeitsplatz mit einem abwaschbaren Wachstuch oder arbeite im Freien. Es entsteht Steinmehl, das sehr fettig ist. Säge deinen Speckstein unter der Aufsicht eines erwachsenen Assistenten zu.

2 Übertrage die Schnallenform mit den zwei Löchern auf den Stein. Markiere die Löcher mit einem Kreuzschlitzschraubenzieher.

Hinweis
Dunkle Steine sind in der Regel härter, helle Steine weicher. Das bedeutet aber auch, dass dunkle Steine stabiler sind und helle Steine empfindlicher!

3 Raeple deinen Stein über der Arbeits- wanne ab. Verwende zuerst eine grobe Raspel und gehe später zu einer feineren Feile über.

4 Bohre mit dem Specksteinwerkzeug zwei Löcher aus dem Stein: Achte darauf, den Stein so zu halten, dass die Stelle an der vermutlich das Loch an der Rückseite herauskommt, frei ist! Sobald du es durch geschafft hast, kannst du die Öffnung von beiden Seiten aus größer feilen.

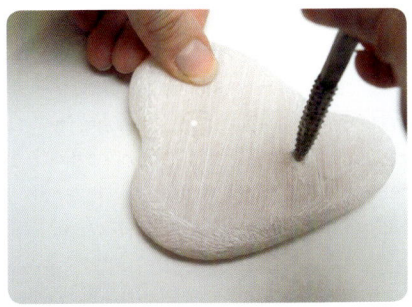

5 Reibe mit einem Schleifpapier mit 80er Körnung den Stein glatt. Wechsle dann zu einem feineren Schleifpapier mit einer 320er Körnung.

6 Noch glatter wird dein Stein mit Nass- schleifpapier. Spüle den Stein erst unter Wasser ab. Lege den Stein dann in eine flache Schüssel mit etwas Wasser. Schleife darin kreisend.

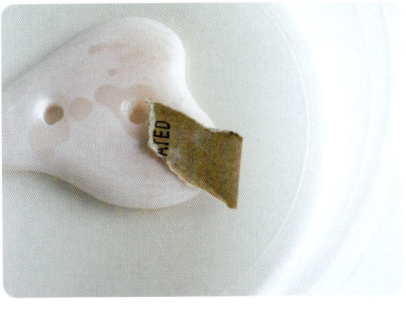

7 Spüle den Stein endgültig ab und lasse ihn trocknen. Öle deine Steinschnalle ein. Poliere Sie dann mit einem weichen Tuch.

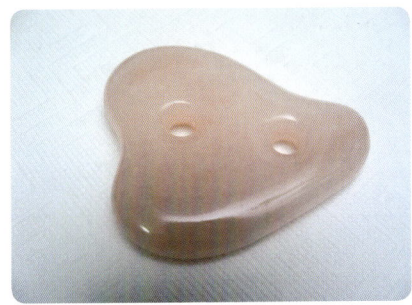

8 Schneide dir den Jeansgürtel zu: Miss deinen Körperumfang und addiere 3 cm. Fasse die offenen Enden des Stoffes mit Stickgarn ein. Arbeite dazu im Saumstich: Stich dazu 5 mm über der Schnittkante von der Rückseite des Stoffes nach vorne durch. Wiederhole den Stich seitlich versetzt auf gleicher Einstichhöhe.

9 Fädle die Spange auf deinen Gürtel auf. Beginne an einem Loch und schiebe den Stoff hindurch, fädle den Stoff beim zweiten Loch zurück. Ziehe die Spange zur Mitte.

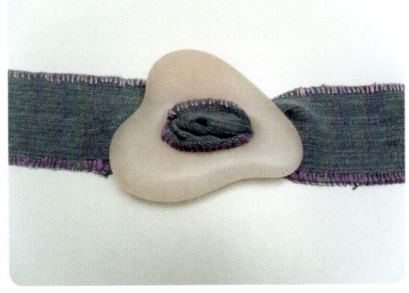

10 Nähe je zwei Druckknöpfe an jedes Ende.

11 Verzwirble die drei Fimo©-Farben miteinander, welle die Modelliermasse glatt und stich aus dem Marmorteig mit kleinen Keksformen Tiere aus. Stich mit einem Zahnstocher zwei kleine Löcher in die Fimo©-Tiere.

12 Brenne das Fimo© mit Hilfe eines Erwachsenen nach Packungsanweisung.

13 Klebe die Muscheln auf dem Jeans- stoff fest und nähe deine marmorierten Fimo©-Figuren auf.

Glück für Zwischendurch

Nussanhänger mit Fimo©-Mini

Das brauchst du

Schwierigkeit
● ● ●

* 3 Walnussschalenhälften
* Garn in Rot-Weiß, 45 cm lang
* Handbohrer, ø 2 mm (alternativ Akkubohrer)
* Märchenwolle in Hellgrün
* Fimo-Soft© in Weiß, Pflaume, Himbeere, Kirsche und Apfelgrün
* Permanentmarker in Schwarz und Weiß
* UHU flex & clean Kraft

Fliegenpilz

1 Du brauchst ¼ Rippe Weiß und ¼ Rippe Kirschrot. Nimm von der weißen Masse sechs ganz kleine Stückchen ab und forme Kügelchen daraus. Den Rest drehst du zuerst zu einer Kugel und dann zu einem Oval. Das ist der Stiel des Pilzes.

2 Für die rote Kappe rollst du die Modelliermasse zu einer Kugel, die du dann auf der Arbeitsunterlage an einer Seite platt drückst. Füge Kappe und Stiel zusammen und drücke die Kügelchen als Punkte auf den Fliegenpilz.

Marienkäfer

1 Du benötigst ¼ Rippe Himbeerrot und 1/8 Rippe Pflaume. Außerdem besteht die Nase aus einem ganz kleinen Kügelchen in Apfelgrün. Für die Punkte musst du vom pflaumenfarbenen Stück zwei Minikügelchen abnehmen.

2 Forme eine rote und eine violette Kugel und setze sie zu einem Käfer zusammen. Drücke die lila Pünktchen auf den Rücken des Krabblers. Das Gesicht kannst du nach dem Härten im Ofen mit wasserfestem Filzstift aufmalen.

Kleeblatt

1 Rolle eine Rippe Apfelgrün zu einer Kugel und drücke diese auf der Arbeitsunterlage flach. Schneide die Scheibe in vier gleiche Teile und drücke den äußeren Rand jedes Viertels mittig ein, sodass kleine Herzchen entstehen. Füge alle vier Teile zu einem Kleeblatt zusammen.

2 Härte dann alle Fimo©-Elemente auf Backpapier nach Herstellerangaben im Ofen.

3 In der Zwischenzeit kannst du mithilfe eines Erwachsenen ein Loch durch die Nussschale bohren und ein Aufhängeband daran festbinden.

4 Klebe ein kleines bisschen Märchenwolle in die Nuss. Darauf bettest du deinen Glücksbringer, sobald er abgekühlt ist. Fixiere ihn mit Klebstoff.

Tipp

Mit geschickten Fingern kannst du noch winzigere Glücksbringer-Miniaturen modellieren und in halbe Haselnussschalen kleben. So erhältst du wunderbare Kettenanhänger. Oder du modellierst eine Szene mit mehreren Figuren und klebst sie in eine halbe Kokosnuss. Wie wäre es beispielsweise mit einer Krippe?

Hier wohne ich!

Namenschilder mit Fundstücken verziert

Das brauchst du

Schwierigkeit
● ● ●

* 250 g lufttrocknende
  Modelliermasse in Weiß
* Acrylfarbe in Hellgrün, Hellblau
  oder Orange
* Naturmaterial, z. B. Nüsse, Eicheln,
  Schneckenhäuser, Muscheln,
  Palmkätzchen oder bunte Oster-
  eierschalen
* Borstenpinsel
* feiner Haarpinsel
* Küchenmesser
* Zahnstocher
  ggf. Glasnuggets oder Knöpfe
* UHU flex & clean Kraft

Vorlage Seite 130

1 Knete die Modelliermasse gut durch, forme sie zu einer Kugel und rolle sie dann 0,5 cm dick aus. Du kannst sie rund, in Herzform oder oval zuschneiden. Vorlagen für die Schilder findest du auf Seite 130.

2 Bohre mit einem Holzstäbchen ein Loch für die Aufhängung in das Schild und lasse es gut trocknen. Das kann bis zu zwei Tage dauern!

3 Bemale nun dein Schild und beschrifte es mit einem dünnen Pinsel.

4 Klebe nun die verschiedenen Naturmaterialien auf. So weiß jeder gleich, wer hier wohnt!

Schneckenpost

modellierte Schnecken

Das brauchst du

Schwierigkeit
● ● ●

* 50 g lufttrocknende Modelliermasse in Weiß
* Schneckenhaus
* ½ Zahnstocher
* Acrylfarbe in Gelb, Rosa, Orange oder Hellbraun
* Papierdraht in Orange, 12 cm lang
* Permanentmarker in Schwarz
* UHU Alleskleber Kraft

1 Forme zunächst den Kopf der Schnecke. Dazu benötigst du eine etwa 3 cm große Kugel, die du dann ein wenig oval drückst.

2 Klebe ein kleines Kügelchen als Nase fest. Mit dem Zahnstocher bohrst du Löcher für die Fühler.

3 Nun kommt der Körper dran: Rolle eine 5 cm große Kugel zu einer Schlange aus und biege ein Ende vorsichtig als Hals nach oben.

4 Stecke einen halben Zahnstocher in den Hals der Schnecke, sodass du den Kopf befestigen kannst. Verstreiche die Klebestelle mit deinen Fingern. Drücke das Schneckenhaus probehalber auf den Rücken der Schnecke.

5 Wenn die Modelliermasse nach etwa einem Tag getrocknet ist, kannst du sie bemalen.

6 Klebe die Papierdrahtstücke als Fühler in die Löcher am Kopf, die Enden rollst du zu kleinen Kringeln auf.

7 Ergänze das Gesicht mit einem wasserfesten Filzstift.

8 Klebe das Schneckenhaus auf den Rücken deiner Schnecke – und ab geht's in den Gemüsegarten!

Tipp
Wie wär's denn mit einem Schneckenrennen? Bestimmt hast du in deiner Spielsammlung auch einen Farbwürfel. Male die Schnecken passend zu den Würfelfarben an. Lege aus Aststückchen oder Blumen einen langen Weg. Die Farbe, die gewürfelt wurde, darf einen Schritt nach vorn gehen. Welche Schnecke macht das Rennen?

Imkerliebe

Bienenwachsherzen

Schwierigkeit ● ● ●

* Bienenwachsplatten
* Moirewachsfolie in Hellgrün, Hell- und Mittelblau
* Klebwachs
* Keksausstecher „Herz", ø 7,5 cm, 4 cm und 3 cm
* 12 Ahornsamen
* 2 Federn in Hellblau, Hellgrün, Lila, Gelb und Apricot
* Faden in Gold, 1 m lang
* Sticknadel
* Schere

1 Arbeite auf einem abwaschbaren Untergrund oder einer alten Zeitung, denn das Wachs hinterlässt einen klebrigen Film. Lege zuerst die Wachswabe aus und stich ein Herz aus.

2 Beim Ausstechen gleichmäßig auf die Ausstechform drücken, dann kannst du das Wachsherz vorsichtig herauslösen. Wenn du ein buntes Herz möchtest, stichst du mit demselben Ausstecher ein Herz aus der Moirewachsplatte und drückst die beiden Herzen aufeinander.

3 Stich mit der Sticknadel ein kleines Loch in dein Wachsherz. Schneide einen Goldfaden von 20 cm Länge ab. Fädle ihn durch das Loch im Herz und verknote ihn.

4 Trenne vom Klebwachs zwei kleine Kügelchen ab und drücke sie rechts und links auf dein Bienenwachsherz.

5 Suche zwei schöne Ahornsamen oder Federn aus und drücke sie auf dem Klebwachs fest. Nun ist dein fliegendes Herz fertig zum Aufhängen.

Lieblingstiere

mit Gewürzen gefärbter Salzteig

Das brauchst du

Schwierigkeit
● ● ●

* Salzteig (siehe Seite 70)
* Wasser
* TL Curry
* TL Zimt (alternativ Kakao)
* TL Paprikapulver
* 6 Nelken
* 3 Pfefferkörner
* 2 Wacholderbeeren
* 3 Zahnstocher
* Paketschnur in Natur, ø 1–2 mm, 5 cm lang
* Ringelbandrest in Rot, 3 cm lang

1 Rühre einen Salzteig nach dem Rezept von Seite 70 an.

2 Teile deinen Teig in vier Teile. Dem einen gibst du einen Teelöffel Zimt, dem zweiten einen Teelöffel Curry, dem dritten einen Teelöffel Paprikapulver hinzu. Der vierte Teil bleibt ungefärbt. Knete die Teige jeweils kräftig durch und füge einen Teelöffel Wasser dazu, damit sich die Gewürze gut verteilen.

3 Stelle ein Gläschen Wasser neben dich. Bevor du Ohren, Schnauzen oder Pfoten aufsetzt befeuchtest du die Stellen mithilfe eines Zahnstochers. Die Schlange ist aus einer 10 cm langen, 1,5 cm dicken Wurst. Ritze mit einem Zahnstocher ein Zick-Zack-Muster in den Körper. Neun kleine, gelbe Kugeln vervollständigen es. Zwei Wacholderbeeren werden die Augen. In das Ringelband schneidest du ein Dreieck und steckst es vorne ins Schlangenmaul. Biege die Schlange in Form.

4 Die Tiere härten in einigen Tagen an der Luft aus.

Fährtenleser

Tierspur mit Gips ausgießen

Schwierigkeit
● ● ●

* 500 g Gips
* 1 l Leitungswasser (in PET-Flasche)
* 4 Wellkartonstreifen, 10 cm x 13 cm
* Gummibecher
* Löffel
* Stöckchen
* Kreppklebeband
* Schere
* ggf. Leiterwagen

1 Du hast recht viel Gepäck dabei, wenn du auf Tierspurensuche gehst. Am besten packst du dir einen Bollerwagen mit dem aufgeführten Material.

2 Waldwege eignen sich gut fürs Fährtenlesen. Besonders geeignet sind Tierspuren, die in erhärteten Matsch gedrückt sind.

3 Hast du einen Abdruck gefunden, befreist du ihn zunächst vorsichtig von Steinchen, Blättern und Zweigen.

4 Umrahme den Abdruck mit den Wellkartonstreifen. Stecke sie so tief in den Erdboden, dass sie stabil stehen. Je nachdem wie hart der Boden ist, solltest du mit einem Stock Rillen für die Kartonstreifen vorkratzen.

5 Fixiere die Kartonstreifen an allen vier Ecken mit Klebeband. Achtung: Benutze so viel Klebeband, dass kein Gips an den Seiten entweichen kann!

6 Rühre den Gips mit Wasser an. Das genaue Mischverhältnis findest du auf der Verpackung. Die Gipsmenge hängt von der Größe deines Abdrucks und der gewünschten Dicke des Sockels ab.

7 Rühre Gips und Wasser solange mit einem Stöckchen durch, bis du eine klumpenfreie dickflüssige Masse hast. Achtung: Gips erhärtet schnell. Sobald der Gips angerührt ist, sollte er zügig weiterverarbeitet werden.

8 Gieße den angerührten Gips vorsichtig in die Kartonumrahmung und streiche die Oberfläche ein wenig glatt. Dein Gipssockel sollte mindestens 3 cm dick werden, sonst zerbricht er später beim Herausheben. Verwende also den Gips recht großzügig.

9 Warte zehn Minuten bis die Masse hart ist, entferne die Kartonstreifen vorsichtig, und hebe den Gipssockel aus dem Abdruck. Nun ist deine Tierspur in Gips verewigt und du kannst sie mit nach Hause nehmen.

10 Kannst du die Spur denn einem Tier zuordnen? Ist es eine Hundepfote oder war hier ein Reh? Kennst du alle deine tierischen Nachbarn? Wie viele verschiedene Tierspuren findest du in deiner Umgebung?

Phönix

Vogel aus Ton und Federn

Schwierigkeit
• • •

+ 250 g lufttrocknender Ton in Terracotta
+ 2 Federn in Gelb, Grün, Lila, hellblau und Apricot (alternativ Möwenfedern)
+ grünes Aststück
+ Schnitzmesser
+ Bügelsäge
+ Modellierwerkzeug
+ 2 Pailletten in Hellblau, ø 5 mm
+ 2 Rocailles in Gelb, ø 3 mm
+ UHU Allekleber extra

2 Nimm einen frischen, grünen Ast und halte ihn mit der linken Hand gut fest. Die Hand, die schnitzt, liegt dabei immer vor der haltenden Hand. Bleibe mit der Haltehand immer mindestens 10 cm vom Schnitzmesser entfernt! Mit der rechten Hand schnitzt du jetzt eine 4 cm lange Schnabelspitze. Schnitze dabei vom Körper weg! Spalte einen Holzspan ab, drehe das Holz leicht und arbeite so rundherum.

3 Bitte einen Erwachsenen, die Schnabelspitze mit einer Säge vom restlichen Stock abzutrennen.

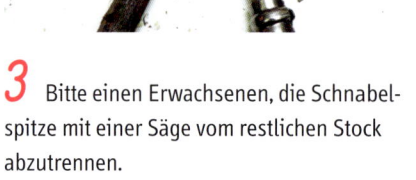

4 Knete den Ton gut durch und trenne ein Drittel davon ab. Aus dem großen Stück formst du den Vogelkörper.

5 Forme aus dem kleineren Stück eine Rolle. Davon trennst du ein Drittel für die Bodenplatte ab. Das zweite Drittel ergibt den Kopf deines Vogels. Halbiere nun das letzte Drittel. Diese Stücke werden die Flügel.

6 Kerbe die Verbindungsstellen etwas ein und setze dann den Körper auf die Bodenplatte, den Kopf auf den Körper und die Flügel an den Körper.

7 Verziere alle Teile mit kleinen Kerben und schließe alle Lücken an den Verbindungsstellen mit deinem Modellierwerkzeug.

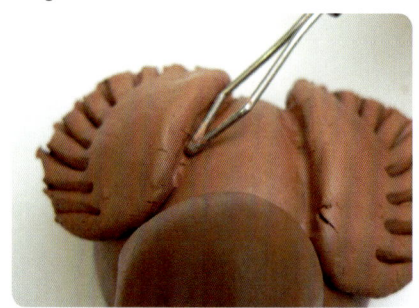

1 Wer noch nie geschnitzt hat, benötigt einen erwachsenen Assistenten! Entriegle das Schnitzmesser, öffne und verriegle es sofort.

8 Bohre ein kleines Loch in den Vogel-kopf und drehe hier den Schnabel hinein.

9 Lass deinem gefiederten Gesellen nun noch echte Federn wachsen: Stecke ringsherum in Flügel, Schwanz und Kopf bunte Federn.

10 Lass den Wundervogel gut durch-trocknen. Das dauert etwa fünf Tage. Wenn er hohl klingt, ist er trocken. Prüfe, ob alle Tonteile nach dem Trocknen noch gut ver-bunden sind. Ansonsten streichst du ganz dünn frischen Ton als Kleber auf.

11 Klebe rechts und links erst eine Pail-lette, dann eine Perle als Augen auf.

Tipp
Verpacke deinen restlichen Ton luftdicht. So kannst du ihn an einem anderen Bastelnachmittag weiter-verwenden.

Natur-
material
und Metall

Basteln
mit Naturmaterial
und Metall

Das solltest du darüber wissen

Recycling

Aus einigen Zivilisationsresten lassen sich tolle Sachen machen. Du solltest deine Fundstücke, wie Aludeckel, Konservendosen und Kronkorken allerdings gründlich spülen, bevor du sie verbastelst, um eventuell anhaftende Keime zu entfernen. Schon hast du großartiges Bastelmaterial.

Schmirgeln

Manche Recyclingfundstücke haben scharfe Kanten. Diese solltest du vor dem Basteln mit etwas Schmirgelpapier abschleifen, damit du dich später beim Spielen nicht verletzt.

Klebstoff

Für die meisten Verbindungen von Metall und Naturfundstücken bietet sich UHU Alleskleber Kraft an. Es gibt aber auch spezielle Klebstoffe für Metall, Glas oder Keramik, die hier bestens funktionieren.

Kranz binden

Verwende einen Strohkranz als Basis. Schneide dein Grünmaterial in 10 cm lange Stücke. Dann schlingst du deinen Bindedraht um den Kranzrohling und verknotest ihn auf der Rückseite.

Fasse das Grünmaterial büschelweise zusammen und lege die Sträußchen dachziegelartig auf den Kranz. Wickle mit dem Bindedraht fest darüber. Arbeite dich so um den ganzen Kranz herum. Abschließend wendest du den Kranz, schneidest den Draht mit Überstand ab und verknotest ihn. Verwende beispielsweise Weide für einen Frühlingskranz, Ähren und Blüten für einen Sommerkranz, Hagebutten, Hortensien und buntes Laub für einen Herbstkranz und Fichte für einen Adventskranz. Zapfen kannst du mit etwas Draht umwickeln und abschließend in den grünen Kranz stecken.

Hinweis

Oft gibt es Grünschnitt, der auf dem örtlichen Häckselplatz darauf wartet, zu Kompost verarbeitet zu werden. Wenn du viel Grün benötigst – etwa für ein Klassenprojekt – dann frage dort, ob du ein paar Schubkarrenvoll gratis bekommen kannst.

Prickeln

Beim Prickeln stichst du mit einer speziellen Prickelnadel oder auch mit Nagel und Hammer in gleichmäßigem Abstand Löcher in Metall oder Papier. Besonders hübsch sehen zum Beispiel Lichter aus durchlöcherten Metalldosen aus. Wenn du Papier prickelst, musst du unbedingt Moosgummi, Schaumstoff oder eine Zeitschrift unterlegen, damit der Tisch darunter nichts abbekommt.

Rost

Eisenhaltiges Metall kann bei Feuchtigkeit leicht rosten – und das kann sehr dekorativ sein. Wenn du eine Dose anraust und sie einen Winter lang in den Garten stellst, sodass sie im Regen immer wieder feucht wird, hat sie im Frühjahr eine großartige Rostpatina. So gestaltete Windlichter oder Blumentöpfe sehen sehr lässig aus, sie versprühen „Flohmarktchic".

Ewig dein !

selbst gebaute Blütenpresse

Das brauchst du

Schwierigkeit
● ● ●

* 2 Holzplatten, 15 cm x 21 cm, 1 cm stark
* 2 Graupappestücke, 14 cm x 20 cm, 2 mm stark
* 4 Graupappestücke, 11 cm x 17 cm, 2 mm stark
* 2 Bänder in Grün-Gelb-Blau-Lila gestreift, 1 cm breit, 72 cm lang
* UHU Alleskleber Kraft
* Acryllack in Türkis
* 4 Zylinderkopfschrauben in Messing, 5 cm lang
* 4 Flügelmuttern in Messing
* Drillbohrer
* Schere
* breiter Borstenpinsel
* Hammer und Nagel
* frische Blüten und Blätter

1 Bohre jeweils vier Löcher in die Holzplatten. Benutze dafür einen Handbohrer oder lass dir von einem Erwachsenen helfen. Die Löcher sollten 1,5 cm vom Rand entfernt sein.

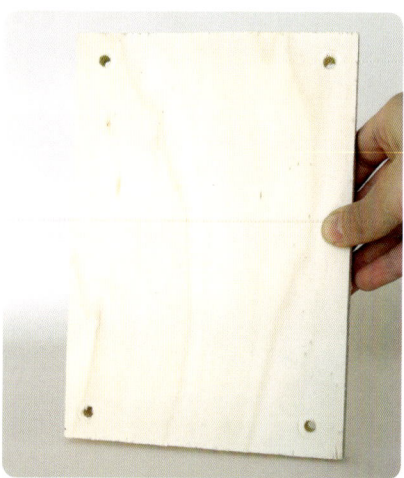

2 Bemale die Holzplatten beidseitig mit Acryllack in Türkis und lass den Lack trocknen.

3 Klebe mit UHU Alleskleber Kraft auf jede Platte mittig einen 14 cm x 20 cm großen Karton.

Tipp

Schau mal wie viele bunte Blüten du findest. Besonders im Frühling und im Sommer lohnt sich ein Streifzug durch den Garten oder die angrenzende Wiese. Im Herbst kannst du bunte Blätter sammeln und in deiner Pflanzenpresse trocknen. Die gepressten Blüten büßen etwas von ihrer Farbe ein, sind so aber sehr lange haltbar. Klebe sie beispielsweise in ein Poesiealbum! Ein Buch, in dem du gepresste Blumen sammelst und zu jeder schreibst, wie sie heißt, nennt man „Herbarium".

4 Schlage mit Hammer und Nagel durch die vor gebohrten Löcher in den nun darüber liegenden Karton.

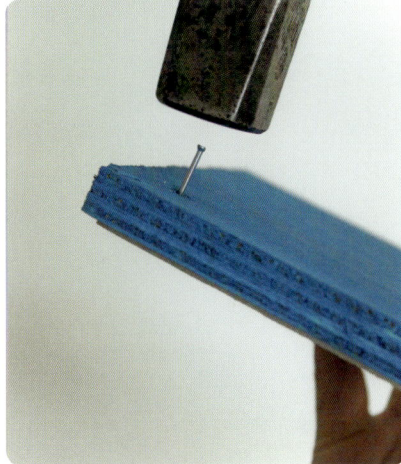

5 Klebe die Textilbänder als Blende an die Holzkanten.

6 Drehe Zylinderkopfschrauben in die vier Löcher beider Holzplatten und lege die vier 11 cm x 17 cm großen Kartonreste zwischen die Platten. Die Kartonseite liegt dabei innen, die Außenseite ist türkis.

7 Verschließe alles mit den Flügelmuttern und fertig ist deine Blütenpresse.

8 Lege einzelne Blüten zwischen die Kartonplatten und schraube dann die Presse zu. Nach einigen Tagen kannst du den Druck auf die Fundstücke erhöhen, indem du die Schrauben weiter anziehst. Nach etwa zwei Wochen ist alles getrocknet und du hast haltbares, verbastelbares, flaches Material.

Blumen aus der Dose

Recyclingblumentopf

Das brauchst du

Schwierigkeit
• • •

* leere Konservendose
* Acrylfarbe in Pink oder Apfelgrün und Weiß
* Permanentmarker in Neongrün oder Neonpink
* Pinsel
* Pappschüssel
* Draht in Pink (alternativ Nylonfaden), ø 1 mm, 30 cm lang
* Drillbohrer
* Blumenerde
* Blume oder Erdbeerpflänzchen
* Dekoelemente in Neonfarben (Blume, Windrad, Schnürsenkel, ...)

1 Grundiere die Konservendose weiß und lass die Farbe gut trocknen. Wenn das Metall noch durchschimmert, kannst du den Vorgang wiederholen.

2 Zum Verzieren kannst du die Acrylfarbe in ein Schälchen geben und einen Teil der Dose hineindippen. Oder du bemalst die Konservendose mithilfe eines Pinsels.

3 Bohre mit dem Drillbohrer zwei Löcher für die Aufhängung in den Dosenrand. Sie müssen einander genau gegenüber liegen! Auch in den Dosenboden solltest du einige Löcher stechen, damit das Wasser beim Gießen ablaufen kann und sich kein Schimmel in der Blumenerde bildet.

4 Nun kannst du den Blumentopf noch mit einem Permanentmarker verzieren. Schmücke ihn dann mit einer Neonschleife.

5 Nun geht es ans Bepflanzen: Fülle die Dose zur Hälfte mit Blumenerde, gib das Pflänzchen dazu und drücke dieses vorsichtig fest. Fülle den Rest des Blumentopfs mit Erde auf. Angießen.

6 Jetzt fehlt eigentlich nur noch der Draht zum Aufhängen! Fädle ihn durch die beiden Löcher und verknote die Enden. Stecke ein kleines Windrad dazu. Suche ein schönes Plätzchen im Freien für deinen hängenden Garten, beispielsweise auf dem Balkon.

Würzig!

Gewürzanhänger

Das brauchst du

Schwierigkeit
● ● ●

* 5 Teelichthüllen, ø 3,7 cm,
  1,5 cm hoch
* Metallschraubverschluss in Gold,
  ø 3 cm
* 5 Kronkorken, ø 3 cm
* Kümmel
* Pfefferkörner in Rot und Schwarz
* Currypulver
* Sternanis
* Senfkörner
* Wachholderbeeren
* getrocknete Chilischoten
* Sonnenblumenkerne
* Satinbändchen in Rot, 4 mm und
  6 mm breit, 1 m lang
* UHU Alleskleber Kraft
* Schere

1 Schneide den Rand der Teelichthülle und des Schraubverschlusses rundherum, gleichmäßig in 5 mm breite Streifen.

2 Biege die Metallstreifen nach außen. Schneide bei einigen die Spitzen schräg zu. Oder schneide sie sternförmig ein.

3 Trage den Alleskleber auf den Alumittelkreis flächig und satt auf. Streue Gewürze hinein oder setze einzelne Körner zu Mustern zusammen.

4 Schneide ein Satinbändchen auf 15 cm zu und klebe es auf der Rückseite an. Mache oben eine kleine Schlaufe. Fertig ist ein Geschenkanhänger, ein besonderer Christbaum- oder Osterstrauchschmuck — oder aber auch (ohne Satinband, dafür mit Broschennadel) ein ganz besonderer Schmuck für dich!

Hoch hinaus

Klappernde Dosenstelzen

Schwierigkeit
● ● ○

* 2 Konservendosen, ø 10 cm
* 2 Textilbänder in Türkis, 1,5 cm breit, 1,50 m lang
* Baumwollgarn in Türkis, 1 m lang
* 40 Holzperlen in Weiß, Gelb, Grün, Rosa, Lila, Rot, Natur, Blau und Schwarz, ø 8 mm
* 10 Muscheln mit Loch
* Acryllack in Weiß und Türkis
* breiter Borstenpinsel
* Sticknadel
* Hammer und Nagel

1 Stelle die Dosen mit der Öffnung nach unten vor dich hin. Schlage mit Hammer und Nagel rundherum fünf Löcher in das obere Drittel jeder Dose und zwei gegenüberliegende Löcher knapp unter dem oberen Dosenrand. Je größer die Löcher sind, desto leichter kommst du später mit der Sticknadel hindurch. Weite sie etwas, indem du mit dem Nagel im Loch wackelst.

2 Grundiere die Dosen zunächst mit weißem Acryllack. Trocknen lassen.

3 Überstreiche deine Dosen dick mit Acryllack in Türkis.

Tipp

Die optimale Länge der Textilbänder hängt von deiner Körpergröße ab. Lass dich am besten einmal von einem Freund oder einer Freundin messen. Stelle dich dafür gerade hin und lass die Arme baumeln. Der Abstand von deinen Füßen bis zu deiner Hüfte mal zwei, ist die optimale Länge für ein Stelzenband.

4 Fädle das Baumwollgarn auf die Sticknadel und mache einen Knoten an das Fadenende.

5 Beginne im Doseninneren, sodass der Knoten innen versteckt ist. Stich mit der Nadel in eines der fünf Löcher im oberen Drittel der Dose ein und ziehe die Nadel nach außen durch. Fädle zwei Holzperlen und eine Muschel auf, knote die Muschel fest und fädle erneut zwei Holzperlen auf. Stich mit der Nadel wieder in das nächste Loch ein.

6 Wiederhole diesen Vorgang, und fädle so nach und nach alle Perlen und Muscheln auf. Stich abschließend wieder durch ein Loch in die Dose ein und mache einen Knoten im Doseninneren.

7 Stecke die Enden eines Textilbands von außen durch die zwei gegenüberliegenden Löcher in der Dose und mache an jedes Ende einen dicken Knoten im Doseninneren.

8 So, und jetzt musst du nur noch aufsteigen, und schon kannst du losstelzen. Wie das klappert!

Mit fremden Federn geschmückt

Pfauenfederschmuck

Das brauchst du

Schwierigkeit
● ● ●

Material Ohrringe
* 2 Ohrstecker in Silber mit Öse
* 2 Kettelstifte, 8 cm lang
* 2 Pfauenfedern
* Schmuckzange
* 4 Acrylperlen in Hellblau, ø 0,6 cm
* 2 Acrylperlen in Hellgrün, ø 0,6 cm
* Schere
* UHU flex & clean Kraft

Material Haarreif
* Schmaler Haarreif in Blau
* Pfauenfeder
* 4 Acrylperlen in Hellblau, ø 0,6 cm
* 3 Acrylperlen in Hellgrün, ø 0,6 cm
* Fotokartonrest in Hellblau
* UHU flex & clean Kraft
* Heißkleber

Tipp
Kleine Silbercharms mit Feder- oder Vogelmotiv sehen sowohl an den Ohrringen als auch an einem Halskettenanhänger mit Pfauenfeder toll aus und klimpern schön.

Tipp
Wenn du es nicht ganz so bunt magst, kannst du auch Perlhuhnfedern mit Holzperlen in Natur und Braun kombinieren. Verwende dann einen schwarzen oder weißen Haarreif

Ohrringe

1 Kürze die Pfauenfeder, sodass der Federkiel etwa 4 cm lang ist.

2 Lege die Feder an einen Kettelstift, streiche beides dünn mit Kleber ein und schiebe die erste blaue Perle darüber. Dann folgt eine grüne und nochmal eine blaue Perle.

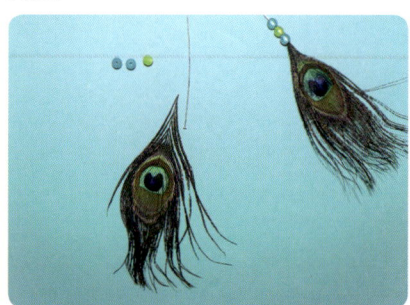

3 Kürze nun mit der Zange den Kettelstift, sodass er noch etwa 2 cm länger ist als die letzte Perle.

4 Schiebe den Stift durch die Öse des Ohrsteckers und biege das Ende mit Hilfe der Schmuckzange zu einer Schlaufe. Den zweiten Ohrring fertigst du ganz genau so an. Wer ist nun die Schönste im ganzen Land?

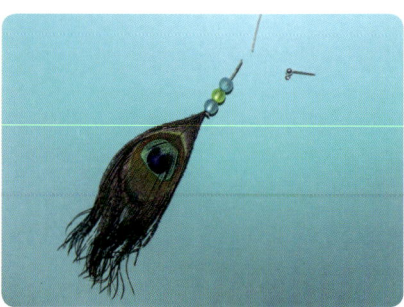

Haarreif

1 Kürze die Feder auf insgesamt etwa 10 cm. Schiebe die Perlen abwechselnd auf den Federkiel und klebe sie daran fest.

2 Schneide aus dem Fotokarton ein Oval, das genauso groß ist wie die Feder und klebe sie darauf. Bitte einen Erwachsenen, dir das Kunstwerk mit Heißkleber am Haarreif zu befestigen.

Ritter Kork und sein Gefolge

Korkenkerle mit Flaschendeckelrüstung

Das brauchst du

Schwierigkeit
• • •

* 5 Weinkorken, ø 2 cm, 4 cm hoch
* Metallschraubverschluss in Rot, Silber und Gold, ø 2,7 cm, 1,5 cm hoch
* 3 Eicheln
* Acrylfarbe in Weiß, Rot, Schwarz, Silber und Gold
* 6 Holzperlen in Rot, ø 1 cm

* 2 Holzperlen in Orange, ø 1 cm
* 5 Holzperlen in Rot, ø 0,5 cm
* 9 Kiefernzapfenschuppen, 2 cm lang
* Feder in Gelb, Rot und Schwarz, 4–5 cm lang
* Plastiktrinkhalm in Schwarz, ø 7 mm
* Wickeldraht, ø 0,65 mm, 1 m lang
* Golddraht, ø 0,35 cm, 1 m lang
* Golddraht, ø 1 mm, 10 cm lang
* 4 Zahnstocher
* 2 Wattestäbchen
* 2 Pfefferkörner
* Tonpapierrest in Aprikot

* etwas getrocknetes Moos
* Buchsblatt
* mittlerer Haarpinsel
* dünner Permanentmarker in Schwarz und Rot
* UHU AlleskleberKraft
* Küchenmesser
* Schneidebrett
* Handbohrer, ø 1,5 cm
* Dosendorn

Vorlage Seite 127

1 Male mit Acrylfarbe den Korken in Rot, Schwarz oder Gold als Körper an und lasse ihn trocknen.

2 Schneide für die Arme vom schwarzen Trinkhalm jeweils 1,7 cm ab. Vom Blumendraht brauchst du je Arm ein 8 cm langes Stück. Stecke eine rote oder orangene Perle in der Mitte darauf und verdrehe den Draht fest. Schiebe das Trinkhalmstück bis zur Perle. Bastelanfänger benötigen hier die Hilfe eines Erwachsenen: Bohre am Weinkorken oben links und rechts je mit dem Handbohrer ein Loch und stecke den Draht tief hinein. Biege die Arme in Form.

3 Die Füße bestehen aus zwei Zapfenschuppen. Falls der Ritter wackelt, benötigt er ein weiteres Zapfenstück unter den Po.

4 Halbiere zwei kleine rote Perlen, indem du mit dem Dosendorn kräftig von oben in die Perlenöffnung drückst. Lass dir dabei von einem Erwachsenen helfen! Klebe eine halbe Perle als Nase und zwei weitere als Ohren auf die Eichel. Male mit einem schwarzen Permanentmarker die Augen und mit einem roten den Mund auf. Klebe den Kopf oben auf den Körper.

5 Lass dir auch bei dieser Arbeit von einem Erwachsenen helfen: Bohre mit dem Handbohrer ein Loch oben in die Mitte des Metallverschlusses. Schneide für das Visier der Ritter den Verschluss mit dem Küchenmesser 1 cm von unten der Breite nach auf. 2 cm solltest du stehen lassen, damit das Visier noch befestigt ist. Biege den unteren Teil vorsichtig herunter. Klebe den Federkiel oben in das Helmloch.

6 Der Knappe bekommt einen ganzen roten Verschluss und etwas Moos als Haare angeklebt. Den rote Weinkorken umwickelst du mit dem goldenen Draht und steckst die Drahtenden in den Kork. Setze die Flaschenverschlussvisiere mit viel Kleber auf die Köpfe der Ritter.

Tipp

Wenn du für ein Heerlager deiner Ritter noch Zelte brauchst kannst du dir die Indianerzelte von Seite 40 als Vorbild nehmen und mit Ritterwappen verzieren. Übrigens findet man Eicheln das ganze Jahr über im Wald!

7 Für ein Schwert malst du einen Zahnstocher mit Silberfarbe an und lässt ihn trocknen. Schneide ein 1 cm langes Plastikhalmstück ab, drücke es zusammen, bohre in der Mitte ein Loch und schiebe es durch die Zahnstocherspitze. Klebe das Schwert in das Perlenloch einer Ritterhand.

8 Der Draht der Lanze ist 10 cm lang und bekommt ein Buchsblatt als Lanzenspitze oben angeklebt.

9 Für das Pferd schneidest du zwei Weinkorken in der Länge durch. Lasse dir dabei von einem Erwachsenen helfen.

Male diese vier halben sowie einen ganzen Weinkorken mit weißer Farbe an. Lasse alle Teile trocknen. Stecke in jedes Bein ein 3 cm langes, mit Klebstoff bestrichenes Zahnstocherstück und oben den ganzen Korken als Rumpf dagegen. Ein halber Korken wird vorne am Körper als Hals angeklebt. Stecke ein 3 cm langes Zahnstocherstück vom Hals in den Leib. Klebe den Kopfkorken oben auf den Hals. Das Pferd bekommt Augen aus Pfefferkörnern und zwei abgeschnittene Wattestäbchen als Ohren. Die Mähne und der Schweif sind aus aprikosenfarbenem Tonpapier.

Fröhlicher Kranz

Kranz mit Drahtlocken

Schwierigkeit
● ● ●

* Kranzrohling, ø 20 cm
* Thujazweige
* Blumendraht in Grün, ø 0,35 m, 5 m lang
* Chenilledraht in Lila, Gelb, Pink und Hellblau, ø 9 mm, 30 cm lang
* Metallprägefolie, A4
* Prickelnadel und Moosgummiunterlage

* Band in Hellgrün und Violett, 10 mm breit, 3,50 m lang
* Acrylfarbe Metallic-Rosa, Metallic-Blau, Metallic-Grün, Metallic-Violett und Perlmutt-Weiß
* Stanniolpapierreste
* UHU Alleskleber extra
* ggf. Arbeitshandschuhe
* Faden
* Gartenschere
* Pinsel
* Schere

Vorlage Seite 129

Tipp
Stanniolpapier wird oft als Schokoladenverpackung verwendet. Sammle es bereits an Ostern und Weihnachten, so hast du es immer zum Basteln parat.

1 Hast du empfindliche Haut, trägst du am besten Arbeitshandschuhe: Lege kleine Thujasträuße rund um den Kranzrohling und umwickle sie mit Bindedraht, bis sie fest am Strohkern halten.

2 Verzwirble den Draht auf der Kranzunterseite. Hände Waschen!

3 Bemale die Thujazapfen in verschiedenen Metallic-Tönen.

4 Bemale auch die Prägefolie in den gleichen Farben. Nach dem Trocknen schneidest du daraus verschieden große Herzen aus.

5 Lege die Herzen auf eine weiche Unterlage und stich mit einer Prickelnadel rundum ein Muster hinein. Klebe in die Mitte deiner Herzen Kugeln aus Stanniolpapier.

6 Wickle die Chenilledrähte ganz fest um einen Bleistift. Schon hast du Kringeldraht. Ein Ende steckst du jeweils fest in den Kranz. Klebe die Herzen auf die Locken.

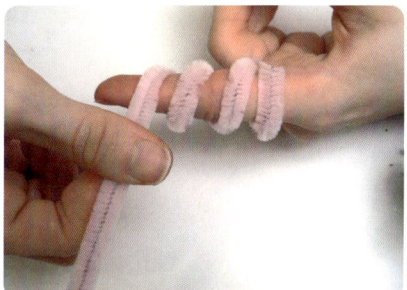

7 Binde abwechselnd hellgrüne und lila Schleifen um deinen Kranz. So ein Kranz ist ein großartiges Geschenk zu einem runden Geburtstag oder zum Muttertag!

Verschlusssache

Kronenkorkenbrosche

Schwierigkeit
● ● ●

* Kronenkorken
* Stein, ø 15 mm
* 2 Federn in Hellgrün, 7 cm lang
* Acrylfarbe in Metallic-Grün
* Schmucksteine in Weiß, ø 4 mm

* 3 Pailletten in Grün, ø 5 mm
* 4 Perlen in Grün, ø 4 mm
* 5 Rocailles in Grün, ø 2 mm
* Moos
* Broschennadel
* UHU Alleskleber extra
* Heißkleber
* Schere

1 Bemale einen Kronenkorken innen mit Metallic-Grün.

2 Fülle die Innenseite des Kronenkorkens dick mit Kleber. Lege die beiden Federn auf und drücke dabei die Kiele tief in den Klebstoff.

3 Den Rand des Kronenkorkens mit Moos schmücken. In die Mitte den Stein legen.

4 Verziere alles mit Pailletten, Perlen und Glitzersteinen. Lass die Brosche gut trocknen.

5 Lass dir von einem erwachsenen Assistenten mithilfe von Heißkleber eine Broschennadel auf die Rückseite des Kronkorkens kleben. Cool!

Herbstliebe

Hagebuttenherzen

Schwierigkeit

● ● ○

+ 25–40 Hagebutten, klein
+ 5 Hagebutten, groß
+ Draht in Grün, ø 3,5 mm, 30 cm lang
+ Band in Violett oder Gelb, 4 mm breit, 30 cm lang (alternativ Bast)
+ UHU Alleskleber Kraft
+ Schere
+ Zange
+ Sticknadel

Vorlage Seite 125

1 Schneide ein 20 cm langes Stück Draht ab. Falze es mittig.

2 Nimm dir die Hagebutten und stich mit der Sticknadel Löcher vor. Reihe jetzt die Hagebutten auf den Draht auf.

3 Biege die Enden zur Herzform nach innen. Lasse ein kleines Stück Draht auf jeder Seite ohne Hagebutten. Dieses Stück brauchst du zum Verschließen.

4 Forme am linken Drahtende eine Schlaufe und hänge das Endstück der rechten Seite ein. Biege den Draht gut zu. Vielleicht nimmst du eine Zange zur Hilfe.

5 Binde ein schönes Band oder etwas Bast an dein Herz und schließe es mit einem Knoten.

Tipp

Du kannst das Herz beim Arbeiten auch nach unten biegen und verschließt die Drähte an der Herzspitze. Probiere aus wie es dir leichter fällt! Verziere dein Herz an der Verschlussstelle mit einem schönen Zapfen.

Natur
pur

Basteln nur mit Naturmaterial

Das solltest du darüber wissen

Frühlingsmaterial

Eine tolle Land Art-Technik ist es, Blumensamen zu säen. Ringel-, Sonnen- oder Kornblumen eignen sich besonders. Halte die eingesäte Erde feucht! Schon bald wirst du deinen Kreis, das gesäte Herz oder die Blumensonne erkennen können.

Tipp

Wenn du das Säen in einen Streich verwandeln möchtest, dann kannst du auch „Samenbomben" aus Tonerde, Blumenerde, Wasser und Blumensamen machen. Forme daraus kleine Kugeln und lass sie trocknen. Du kannst dann immer und überall kleine Blumenüberraschungen abwerfen!

Sommermaterial

Der Sommer ist die Zeit, in der du Blumen sammeln und pressen solltest. Außerdem kannst du jetzt Muscheln und Schneckenhäuschen sammeln.

Herbstmaterial

Die Klassiker sind Kastanien und Eicheln. Es gibt aber auch weniger bekannte Naturschätze zu entdecken: Verbastelt werden können beispielsweise die Früchte der Linde und der Platane, Hagebutten, Sonnenblumen-, Zwetschgen- und Kirschkerne, Haselnüsse und fast alle getrockneten Blüten.

Wintermaterial

Auch mit Schnee und Eis lassen sich tolle Kunstwerke erschaffen: Außer einem Schneemann könntest du ja mal eine Pyramide oder ein Monster aus Schnee machen. Wenn du Teelichter hinein stellst, dann leuchtet der Schnee geheimnisvoll in der Dämmerung.

Beeren, Blütenblätter und andere Fundstücke lassen sich auch einfrieren. Gestalte so Eislichter oder lege Mandalas in große Blumenuntersetzer als Kunststoff, die du dann mit Wasser füllst, sodass du nach einer kalten Nacht eine Eisscheibe an der Eingangstür aufstellen kannst.

Lebensmittel

Es gibt viele hungernde Menschen auf der Welt und gleichzeitig einen riesigen Müllberg an noch genießbaren Lebensmitteln, die jeden Tag weggeworfen werden. Mach dir dieses Problem bewusst. Wenn du trotzdem mit Nahrungsmitteln basteln möchtest, dann schau dich mal um: Kürbisse, Nüsse, Äpfel und ungekochte Nudeln sind wirklich sehr dekorativ. Mit nassen Teebeuteln oder zerquetschten Beeren kannst du malen, mit Reis einen kleinen Zen-Garten anlegen. Halte solche Basteleien in Maßen.

Sammeln

Um mit Naturmaterial basteln zu können, musst du es erst einmal sammeln. Lege dir am besten einen Platz im Garten an, an dem du Zapfen, Muscheln, Steine, Stöcke und Rinde deponierst. Kastanien kannst du auch in einem Korb aufbewahren. Für Sand benötigst du einen Eimer. Blüten und Beeren verwendet man meist frisch.

Kleben

Im Sinne von „Land Art" wäre es eigentlich, alle Objekte mit Gras oder Schlingpflanzen aneinander zu binden. Aber manchmal benötigt man eben doch einen Tropfen Klebstoff. Dann bietet sich UHU Creativ für Naturmaterialien an.

Gewusst?
Wusstest du, dass Erdnüsse botanisch gesehen keine Nüsse sondern eine Hülsenfrüchte sind? Sie sind also mit Erbsen und mit Bohnen verwandt. Ihre Früchte wachsen im Erdreich, daher kommt auch der Name „Erdnuss".

Schnitzen

Mit einem Taschenmesser kannst du die tollsten Formen in einen frischen Stock schnitzen. Achte darauf, dass die Klinge verriegelt ist. Führe das Messer immer von dir weg und achte bei jeder Kerbe darauf, dass kein Finger im Weg ist. Es gibt auch spezielles Schnitzwerkzeug mit allerlei Stemm- und Hohleisen. Das ist aber wirklich nur was für Profis!

Sägen

Große Äste, Pfähle und Bretter muss man oft erst zusägen, bevor man mit ihnen werken kann. Das solltest du nur unter der Aufsicht eines Erwachsenen tun, damit du dich dabei nicht verletzt. Spanne das betreffende Holzstück mit Schraubzwingen fest, sodass es dir nicht entwischen kann. Markiere die Sägestelle mit Bleistift. Dann sägst du vorsichtig mit geraden Bewegungen.

Raspeln, Schleifen und Schmirgeln

Mit groben Raspeln und Feilen kann man das Holz prima bearbeiten. Ist die grobe Form erkennbar, kannst du auf Schleifpapier umsteigen und alle Kanten sorgfältig glätten. Je grober die Körnung des Papiers ist, umso feiner wird dein Schliff.

Naturfarbe

Holz kannst du entweder in seiner Naturfarbe belassen oder mit Speiseöl einölen. Wenn dein Objekt wetterfest sein soll, kannst du es, wenn es ganz fertig ist, mit Klarlack besprühen.

Beize

Man kann Holz nicht nur bemalen, man kann es auch färben. Das nennt sich „beizen". Holzbeize muss mit Wasser angerührt werden; es gibt sie in Gelb, Rot, Blau und Grün. Das muss aber ein Erwachsener machen! Arbeite mit Handschuhen. Das Holz saugt die Beize in sich auf – die weichen Teile nehmen dabei mehr auf als die harten, sodass am Ende die Maserung negativ hervortritt.

Trocknen

Blumen trocknet man kopfüber. Wenn du flaches Material brauchst, presst du die Blüten und Blätter mit der Presse auf Seite 92.

Störe meine Kreise nicht!

Land Art aus Weidenruten

1 Im Frühjahr werden oftmals Bäume und Sträucher beschnitten. Suche dir einige junge, lange Äste aus dem Grünschnitt heraus. Gut sind Weidenruten oder Haselnusszweige.

2 Biege die Ruten zu Kreisen und verflechte die Äste, so dass die Kreisform selbständig erhalten bleibt.

3 Fixiere die Astkreise indem du sie mit langen festen Gräsern verknotest.

4 Binde die Astkreise mit langen Gräsern und nach ihrer Größe sortiert aneinander.

Tipp

Du kannst aus den Kreisen auch ein Legebild am Seeufer machen und sie beispielsweise mit Blättern, Blüten, Muscheln, Federn oder Kieseln füllen.

5 Hänge die Kreisgirlande auf: Gut eignet sich ein schief gewachsener Ast. Besonders schön wirken die Kreise mit Aussicht! Optimal sind die Kreise am Seeufer platziert: Der freie Blick hinter der Kreisgirlande macht die Naturkreiskunst besonders stimmungsvoll und verwandelt das Seeufer in einen magischen Ort.

Mmh, wie das duftet!

Orangenwindlichter

Das brauchst du

Schwierigkeit
● ● ●

* 3 Orangen
* Ausstechförmchen „Ente", 4 cm breit
* Lochzange (mittlere Einstellung)
* Schneidebrett
* Küchenmesser
* Kaffee- oder Esslöffel
* 3 Teelichter und Stabfeuerzeug

1 Wenn du noch wenig Küchenerfahrung hast, benötigst du einen erwachsenen Assistenten. Schneide den oberen Teil der Orange etwa 2 cm breit mit dem Messer ab.

2 Lockere das Fruchtfleisch mit dem Messer und hole es mit dem Löffel heraus. Achte dabei darauf, dass innen noch etwas weiße Haut verbleibt.

3 Schneide mit dem Messer große Zacken in den Rand der Orangenschale. Stich mit der Lochzange an jeder Spitze unten und oben ein Loch aus oder stanze mit dem Ausstechförmchen mehrere Enten hintereinander aus. Du kannst aber auch mit dem Messer einfache geometrische Muster von außen nach innen aus der Schale schnitzen oder auch nur einkerben.

4 Wasche deine Hände gründlich. Oft sind Zitrusfrüchte stark gespritzt und das könnte zu Allergien führen!

5 Stelle ein Teelicht in deine Orange und entzünde es mithilfe des Stabfeuerzeugs. Lass Kerzen nie unbeaufsichtigt brennen!

Tipp
Du kannst aus fast allen Zitrusfrüchten solche Duftlichter bauen. Probiere es mal mit einer Pomelo oder einer Grapefruit. Male abschließend Muster mit einem goldenen Perlenpen auf, das ist besonders festlich.

Mollie Melone

Früchtedackel

Das brauchst du

Schwierigkeit

● ● ●

* Honigmelone
* Banane
* 4 Weintrauben
* 7 Zahnstocher
* 2 Stecknadeln
* Fotokartonrest in Hellbraun
* Buntstift in Braun und Weiß
* Lackmalstift in Schwarz, Weiß und Rot
* UHU Alleskleber Kraft

Vorlage Seite 130

1 Halte die Banane probeweise an die Honigmelone, sodass sie den Kopf bildet. Zeichne zwei Punkte an die Stelle, an der die Früchte aufeinander treffen.

2 Stecke zwei Zahnstocher in die Melone und darauf die Banane.

3 An der Unterseite steckst du vier Weintrauben als Beine mit Zahnstochern an.

4 Übertrage die Vorlagenzeichnung von Seite 130 auf hellbraunen Fotokarton. Schneide aus dem Fotokarton zwei Ohren und den Schwanz aus. Schattiere den Tonkarton mit Buntstiften.

5 Den Schwanz klebst du an einen Zahnstocher und befestigst ihn am Hinterteil des Dackels.

6 Die Ohren werden mit zwei Stecknadeln an die Banane gesteckt.

7 Male nun noch mit den Lackmalstiften das Hundegesicht auf. Fertig ist die witzige Vitaminbombe.

Kronjuwelen

Halsketten aus Naturfundstücken

Das brauchst du

Schwierigkeit
• • •

Material Hagebuttenkette
* 11 Holzperlen in Rot und Braun,
  ø 1,5 cm
* 36 Holzperlen in Natur, Weiß, Gelb,
  Lila, Hellblau, Dunkelblau, Pink, Rosa,
  Dunkelrot, Orange und Grau, ø 1 cm
* 48 Hagebutten
* extrastarkes Nähgarn in Weiß,
  70 cm lang
* Nadel

Material Zapfenkette
* großer Kiefernzapfen
* 17 Glasperlen in Bunt, ø 0,6 cm–1 cm
* Schere oder Zange
* Basteldraht in Gold, ø 0,5 mm,
  1,80 m lang
* festes Garn in Rosa, 60 cm lang
* Nadel

Hagebuttenkette

1 Hagebutten sind Rosenfrüchte. Erntezeit ist im Herbst, wenn die Rosen verblüht sind.

2 Fädle das Garn auf die Nadel und mache einen Knoten in das Fadenende.

3 Reihe nun abwechselnd Holperlen und Hagebutten auf das Garn. Die Hagebutten durchstichst du am stabilen Stielansatz.

4 Verknote beide Fadenenden miteinander, sobald alle Hagebutten und Perlen aufgefädelt sind.

> **Tipp**
> Hecken- und Hundsrosen haben ganz andere Früchte als die gezüchteten Gartenrosen. Du findest sicherlich ganz verschiedenen Formen und Größen! In jedem Dialektgebiet in Deutschland heißen die Hagebutten übrigens anders: Hiefe, Hetscherl, Rosenäpfel oder Hägen. Übrigens: Aus den Samen der Hagebutte lässt sich Juckpulver gewinnen!

Zapfenkette

1 Drehe eine Öse in die Mitte eines 10 cm langen Drahtstücks.

2 Befestige jede einzelne Zapfenschuppe, in dem du sie mit beiden Drahtenden mehrmals überkreuzend umschlingst.

3 Verdrehe beide Drahtenden miteinander.

4 Fädle 18 Zapfenschuppen und 17 Glitzerperlen abwechselnd und nach Größen sortiert auf eine lange Schnur.

Stadtfuchs

freches Moosgraffiti

Schwierigkeit

● ● ●

* Schüssel
* Pürierstab
* handvoll Moos
* 2 Tassen Buttermilch
* ½ Teelöffel Zucker
* Glas mit Verschluss
* Sprühflasche mit Wasser
* Pinsel
* Karton, A3
* Kreppklebeband
* Schere

Vorlage Seite 130

1 Gib das Moos, die Buttermilch und den Zucker in eine Schüssel. Mixe die Zutaten mit dem Pürierstab, bis eine dickflüssige Masse entsteht.

2 Fülle die Moosmilch in ein Glas mit Verschluss, das macht den Transport unkomplizierter.

3 Du kannst dir eine freie Form für dein Moosgraffiti ausdenken, oder du stellst eine Schablone von der Vorlage auf Seite 130 her. Übertrage dafür den Fuchs auf ein Stück Karton und schneide die Form aus dem Kartonrest heraus. Du erhältst eine Negativkontur, die sich mit Klebeband überall anbringen lässt.

4 Begib dich auf die Suche nach einem geeigneten Platz für dein Moosgraffiti und klebe dort deine Schablone mit Kreppklebeband fest. Der Ort sollte im Freien, feucht aber nicht komplett dunkel sein. Prima ist eine alte Steinmauer im Hinterhof oder ein Kellereingang.

5 Streiche die Moosmilch mehrmals mit einem Pinsel auf die gewünschte Stelle und nimm dann den Karton ab. Kontrolliere die Stelle von nun an: Sie sollte stets feucht sein, besprühe sie eventuell von Zeit zu Zeit mit Wasser. Schon bald sollte das Moosbild wachsen und nach und nach sichtbar werden.

Tipp
Ist das denn legal? Du solltest unbedingt darauf achten, dass du dein Graffiti an einer erlaubten Stelle platzierst. Vielleicht habt ihr ja eine alte Ziegelmauer in Hof? Sofern du dir eine Stelle außerhalb eures eigenen Grunds aussuchst, musst du den jeweiligen Eigentümer fragen ob du dein Moosgraffiti anbringen darfst – das gilt auch für deine Schule!

Schwerelos

Kastanienfeen

1 Bohre in die Kastanie zwei Löcher für die Arme, zwei für die Beine und eines für den Kopf.

2 Stecke in jedes Loch ein Streichholz, für den Hals genügt ein halbes.

3 Befestige die Holzkugel auf dem Feenhals und male das Gesicht mit den Permanenmarkern auf. Die Wangen kannst du mit dem Buntstift röten.

4 Die Feenprinzessin bekommt Haare aus der gelben Kordel, die du vor dem Aufkleben aufdröseln solltest. Das Haupt schmückt eine Bucheckerkrone. Die Rosenfee bekommt eine getrocknete Rose als Hut aufgeklebt.

> ### Tipp
> Aus Wurzelstücken, Rinde und Steinen kannst du dir ein wunderschönes Feenschloss bauen. Ordne die Fundstücke in einer Holzkiste an, dann kannst du es auch transportieren. Schmücke es prächtig mit duftenden Blüten, Gräsern, Moos oder Efeu. Deine Feen werden ihr neues Zuhause lieben!

Tipp
Du kannst ein ganzes Feenvolk basteln. Es eignen sich sehr viele Blumen oder auch Gräser als Kopfschmuck für die kleinen Kastanienwesen! Wie du sie selbst pressen kannst, kannst du auf Seite 92 nachlesen.

5 Deine Fee braucht noch Schuhe! Forme hierfür aus je ¼ Stange Knete zwei Kugeln und stecke sie an die Füße. Alternativ kannst du auch Eichelkapseln durchbohren und als Schuhe anstecken.

6 Den Bauch kannst du mit einer gepressten Blüte dekorieren.

7 Klebe das weiße Glitzerband (oder die beiden gepressten Blätter) an den Enden zusammen und drücke die entstandene Rolle in der Mitte zusammen. Die so entstandenen Flügel fixierst du mit Kleber auf dem Rücken deiner schönen Fee.

8 Du kannst deine Feen auch an durchsichtigen Nylonfäden befestigen und an Ästen im Garten aufhängen. Das sieht aus, als ob sie schweben würden!

Es ist angerichtet !

Futterketten für Piepmätze

Schwierigkeit

● ● ●

* Erdnüsse (alternativ Hirsekolben, Meisenknödel, Knabberstangen, ganze getrocknete Sonnenblumenköpfe, Maiskolben)
* getrocknete Aprikosen
* kleine Äpfel
* Draht in Gold oder Silber, ø 1 mm, 60 cm lang
* ggf. Federn, Tannengrün oder Erlenzapfen

1 So kommen die Vögel gut über den Winter: Schneide vom Draht ein 40–60 cm langes Stück ab, je nachdem, wie lang deine Futterkette werden soll.

2 Lege ein Ende zu einer Schlinge und binde sie zusammen.

3 Wickle den Draht nun immer abwechselnd über einige Erdnüsse, verdrehe den Draht dabei immer, bevor du eine neue Nuss anbringst. Aprikosen (oder Hirsekolben, ganze Sonnenblumenköpfe, Maiskolben oder Vogelknabberstangen aus dem Supermarkt) kannst du auch auffädeln!

4 Am Ende der Kette kannst du einen kleinen Apfel andrahten. Am besten geht das am Stiel. Mit Tannengrün und Federn kannst du die Futterkette dekorieren.

5 Nun kannst du die Futterkette in einen Baum oder an einen Balken hängen. Achte darauf, dass der Futterplatz für Katzen nicht erreichbar ist!

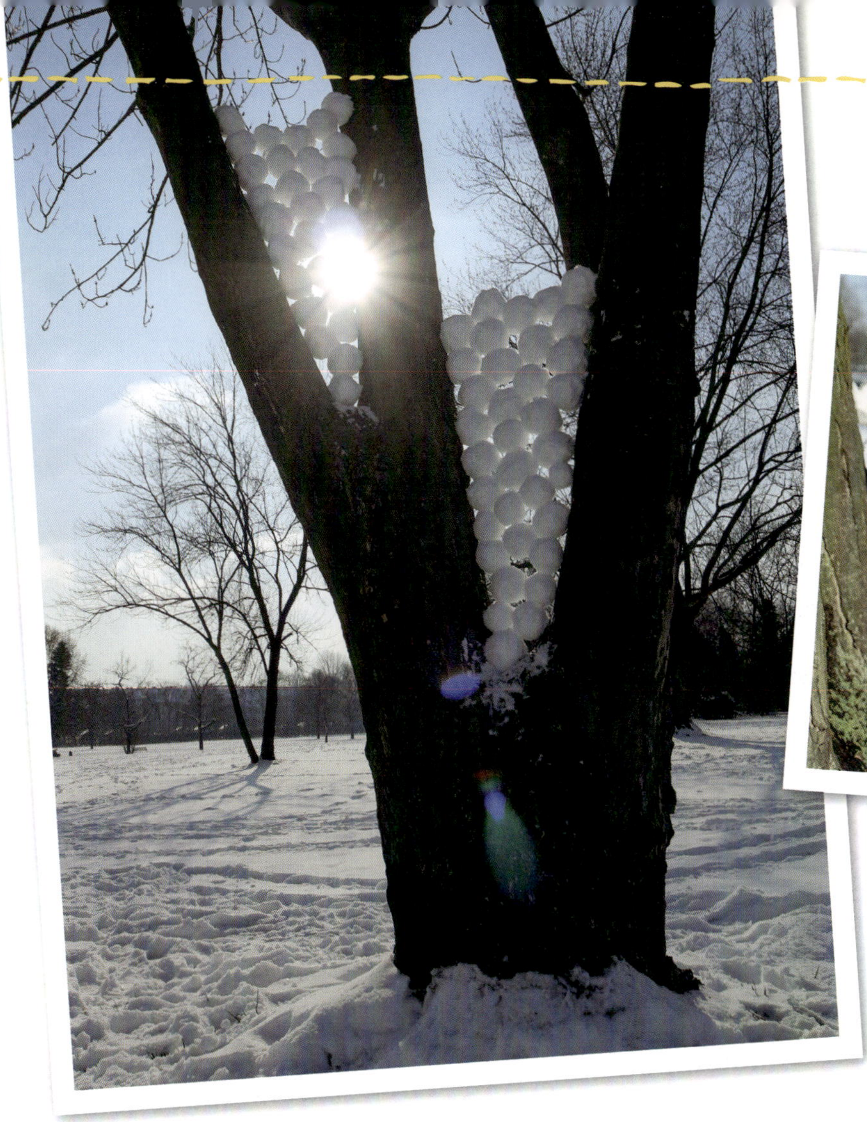

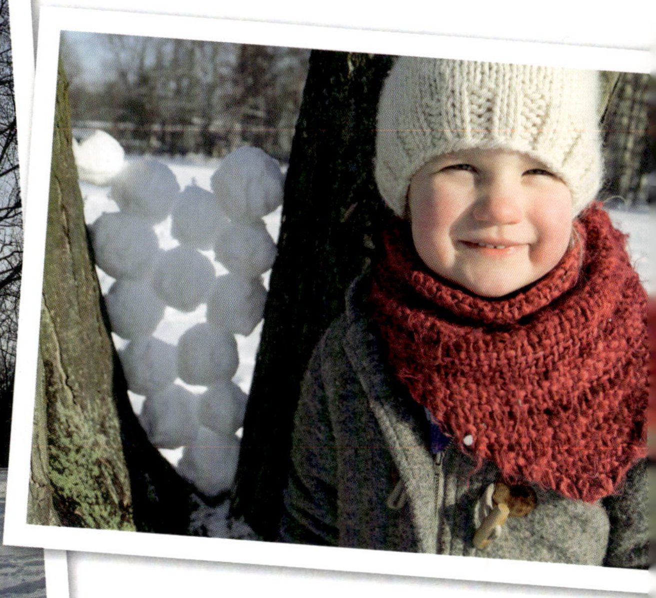

Glitzerkugeln

Land Art aus Schnee

1 Endlich, es schneit! Falls dir Schnee-
männer zu langweilig werden, ist diese
Naturkunst genau das Richtige!

2 Forme so viele Schneebälle, wie du
kannst und staple sie vorsichtig in einer
Baumgabel. Dein Kunstwerk sieht sicher
toll aus und ist kinderleicht. In der Sonne
glitzern diese „Discokugeln der Natur" in
vielen Farben.

3 Kein Baum in der Nähe? Du kannst
auch eine Pyramide aus Schneebällen
errichten oder ein Labyrinth legen. Däm-
merungsspecial: Platziere Wunderkerzen
oder Teelichter darauf, das schimmert ganz
mystisch.

Miniatur

klitzekleine Baumscheibenbilder

1 Glätte die Baumscheiben mit feinem Schleifpapier.

2 Drehe nun die Baumscheibe um, sodass die spätere Rückseite vor dir liegt. Befestige hier einen Bildaufhänger. Tauche diesen dazu in Wasser, lasse den Leim etwas quellen und drücke den Aufhänger auf die Baumscheibe. Nach dem Trocknen kannst du die Vorderseite gestalten.

3 Drehe die Baumscheibe mit der Vorderseite zu dir. Klebe eine kleinere Baumscheibe auf die erste Scheibe oder gestalte die Einzelscheibe: Folge mit einem weichen Bleistift den Rundungen der Jahresringe, zeichne ein Herz oder male eine freie Form auf. An der Bleistiftlinie entlang trägst du nun Leim auf.

4 Lege Samen, Erlenzapfen, Olivenkerne, Beeren oder Moos oder auf die Klebespur.

5 Auf größeren Baumscheiben ist sogar Platz für ein richtiges Landschaftsbild. So gestaltest du schnell ein tolles Bild für deine Puppenstube!

Tipp
Lust auf ein Großprojekt? Bei einem Waldspaziergang könntest du einen ganzen Baumstumpf auf diese Weise dekorieren. Also vergiss nie eine kleine Tasche für Fundstücke und deinen Holzleim.

Steinmanderl

Land Art aus Flusssteinen

Hinweis

An vielen Wanderwegen dienen diese „Steinmännchen" als Wegweiser. Wenn es neblig ist oder ein wenig Schnee liegt, können sie den richtigen Weg anzeigen – daher ist es für andere sehr gefährlich, wenn man eine solche Wegmarkierung zerstört. Es bringt hingegen Glück, wenn man ein weiteres Steinmännchen daneben baut oder auf einen bestehenden Turm noch einen klitzekleinen Glückskiesel legt!

1 Ob am Strand, am Flussufer, oder wo immer du eine Anhäufung von Steinen findest, sind Steintürme eine prima Sache. Ganz unkompliziert und schnell erzielst du einen tollen Effekt. Dabei gibt es unzählige Variationen von Türmen: Sortiere die Steine nach Größen, nach Formen, nach Farben oder Querbeet. Miniaturtürmchen oder Felstürme, jeder Steinturm ist eine neue Herausforderung für deine Geschicklichkeit!

2 Lege einen Turm aus möglichst großen Steinen. Lege einen ganz schiefen Turm – oder schaffst du sogar einen Bogen? Jetzt einen Turm aus ganz kleinen Steinen.

3 Lege abwechselnd mit einem Freund einen Kieselturm. Bei wem der Turm umstürzt, der hat verloren.

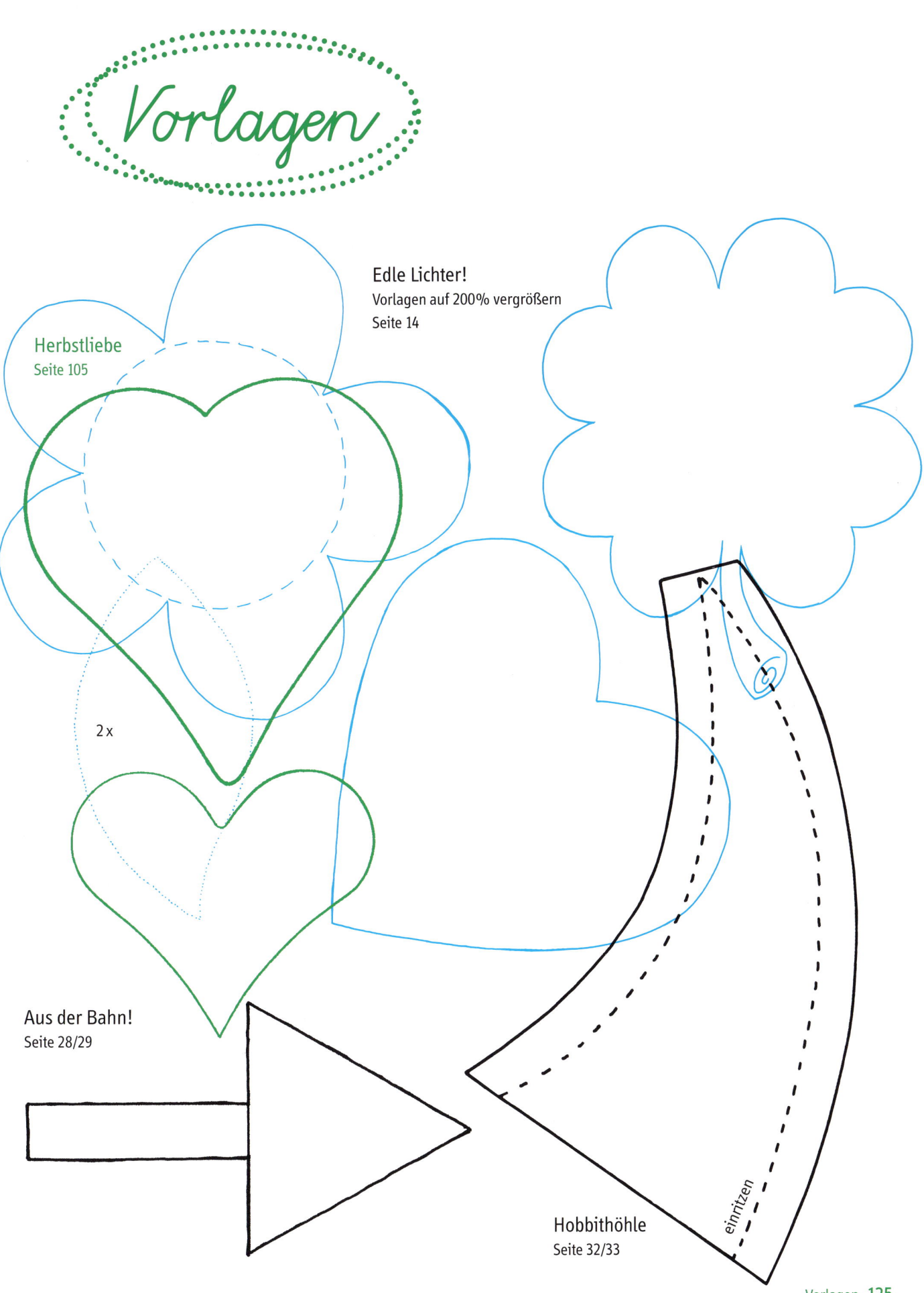

Vorlagen

Herbstliebe
Seite 105

Edle Lichter!
Vorlagen auf 200% vergrößern
Seite 14

2 x

Aus der Bahn!
Seite 28/29

einritzen

Hobbithöhle
Seite 32/33

In die Farbe, fertig, los!
Seite 15

Strandstimmung
Vorlagen auf 200% vergrößern
Seite 20/21

Wal
Flosse

Herbstlicht
Seite 58

Mäusebande
Seite 66

2 x

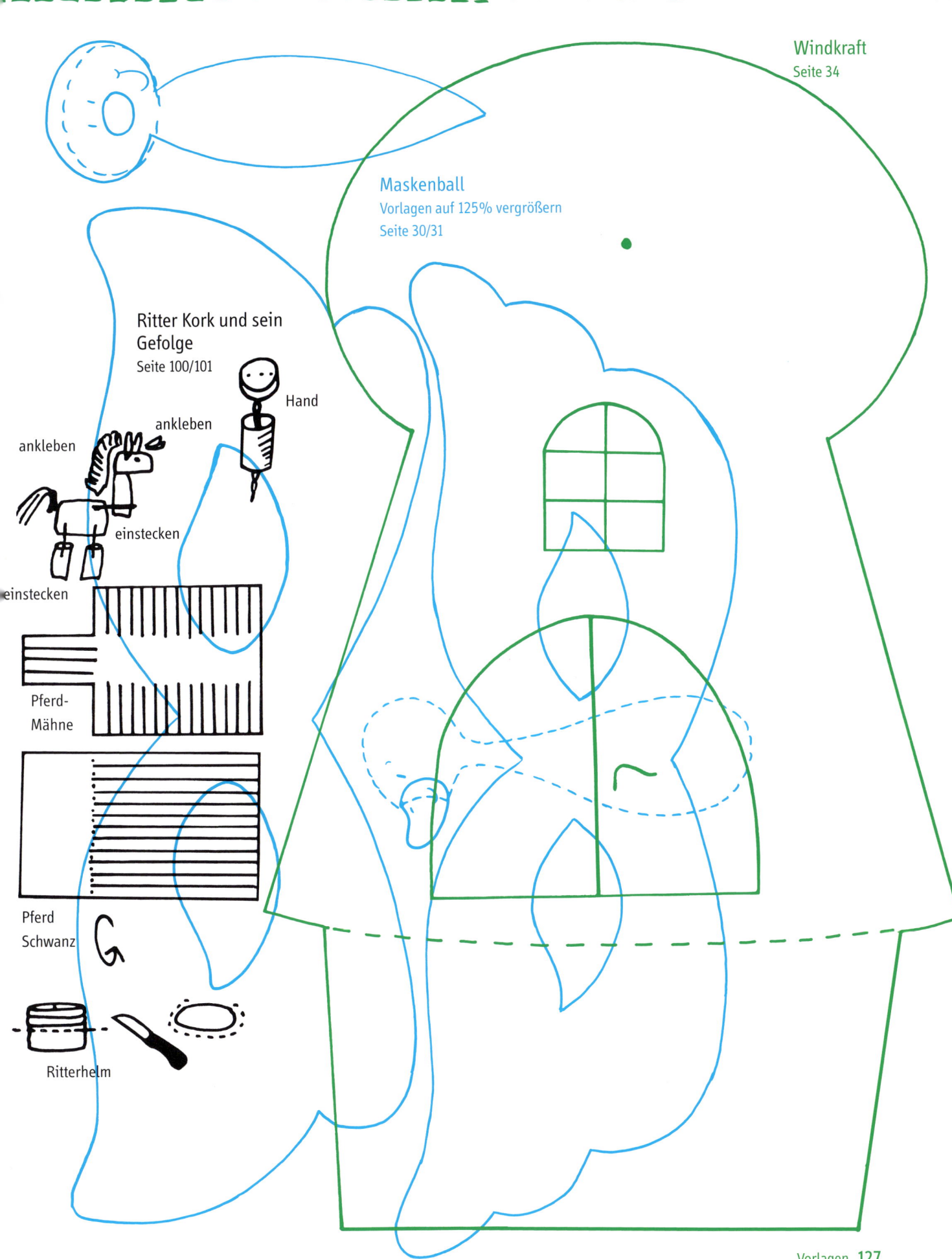

Windkraft
Seite 34

Maskenball
Vorlagen auf 125% vergrößern
Seite 30/31

Ritter Kork und sein
Gefolge
Seite 100/101

Hand

anklelben

anklelben

einstecken

einstecken

Pferd-
Mähne

Pferd
Schwanz

Ritterhelm

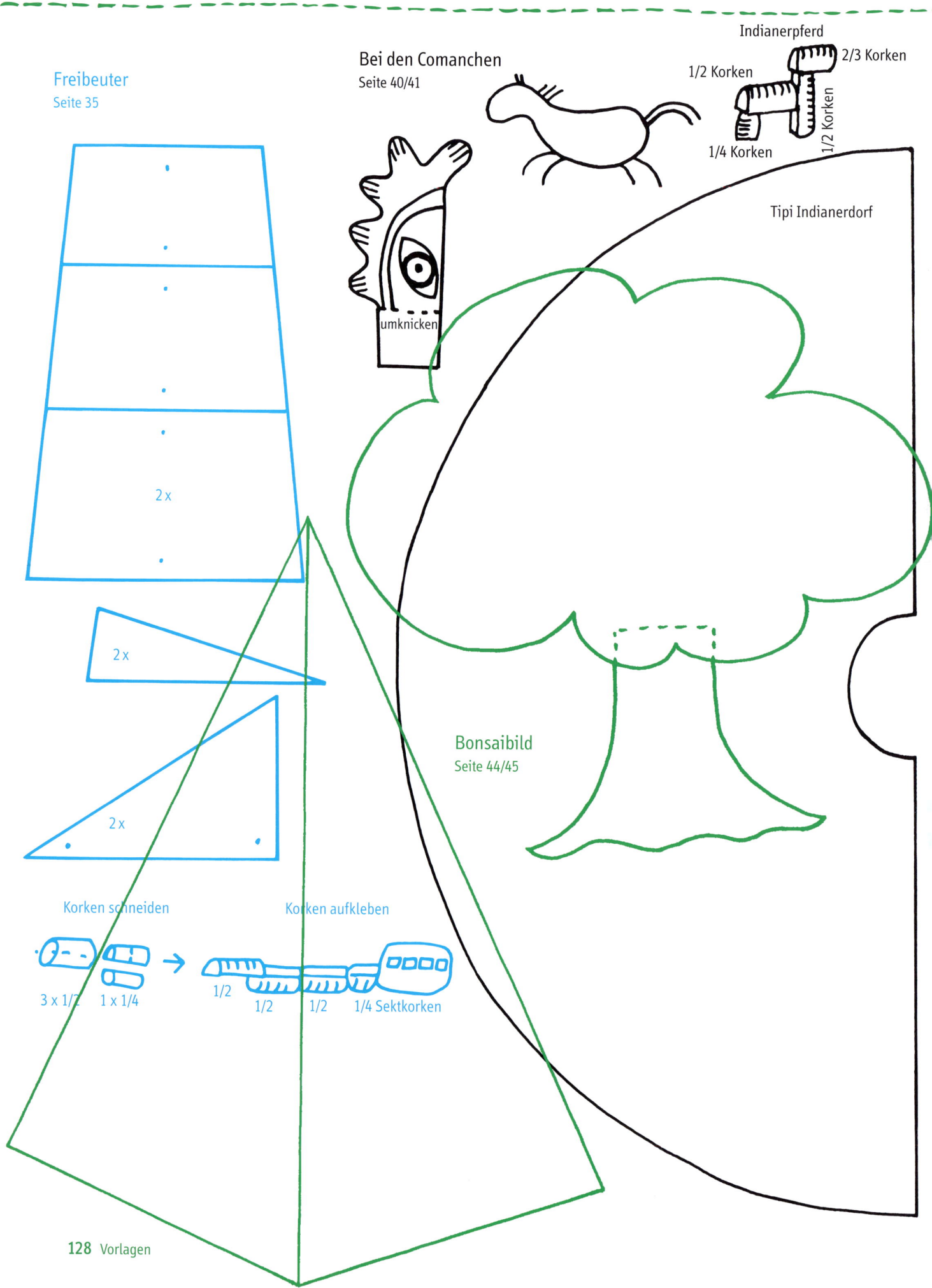

Freibeuter
Seite 35

2 x

2 x

2 x

Bei den Comanchen
Seite 40/41

umknicken

Indianerpferd

1/2 Korken

2/3 Korken

1/4 Korken

1/2 Korken

Tipi Indianerdorf

Bonsaibild
Seite 44/45

Korken schneiden

3 x 1/2   1 x 1/4

Korken aufkleben

1/2   1/2   1/2   1/4 Sektkorken

128 Vorlagen

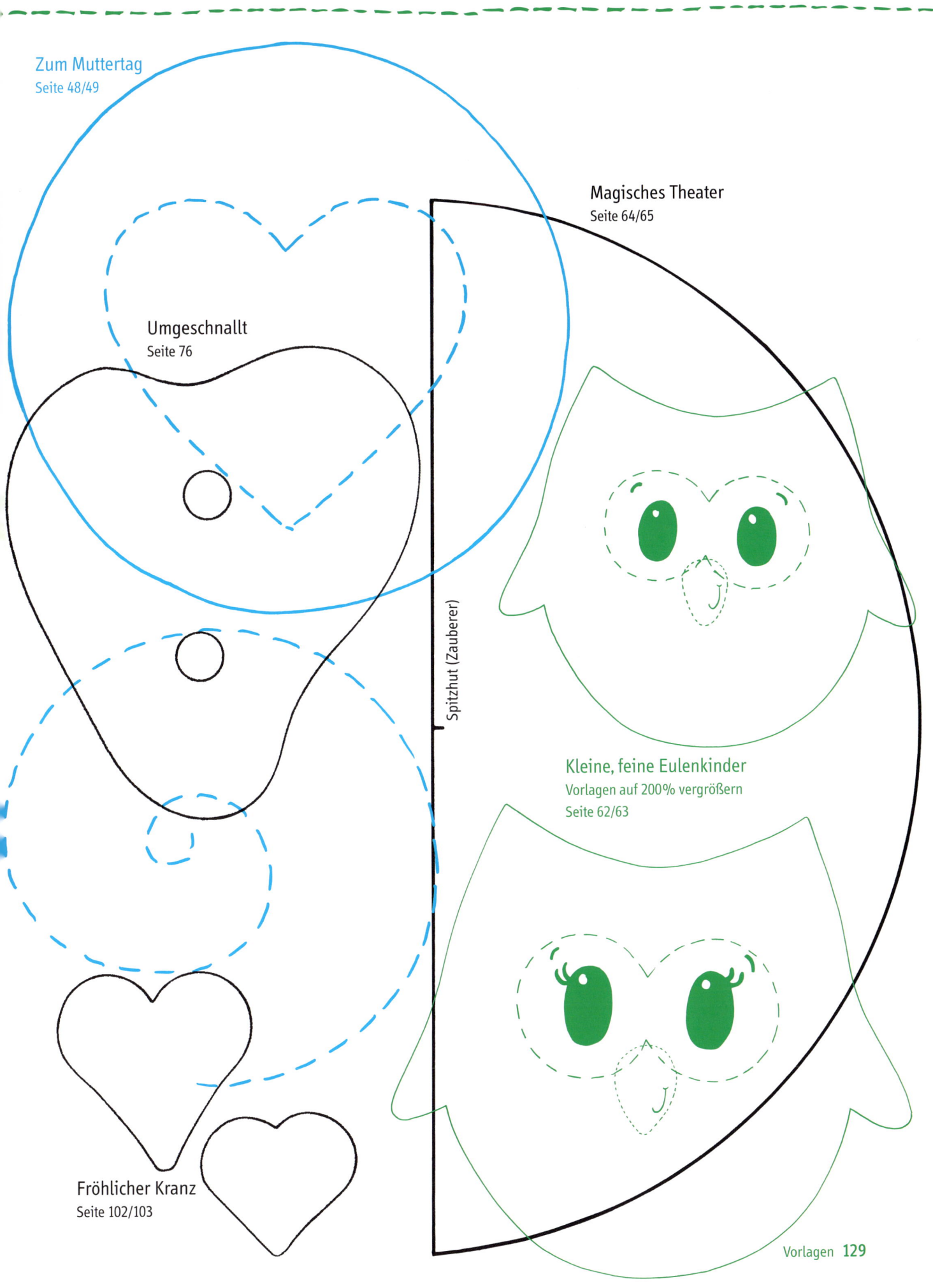

Zum Muttertag
Seite 48/49

Umgeschnallt
Seite 76

Magisches Theater
Seite 64/65

Spitzhut (Zauberer)

Kleine, feine Eulenkinder
Vorlagen auf 200% vergrößern
Seite 62/63

Fröhlicher Kranz
Seite 102/103

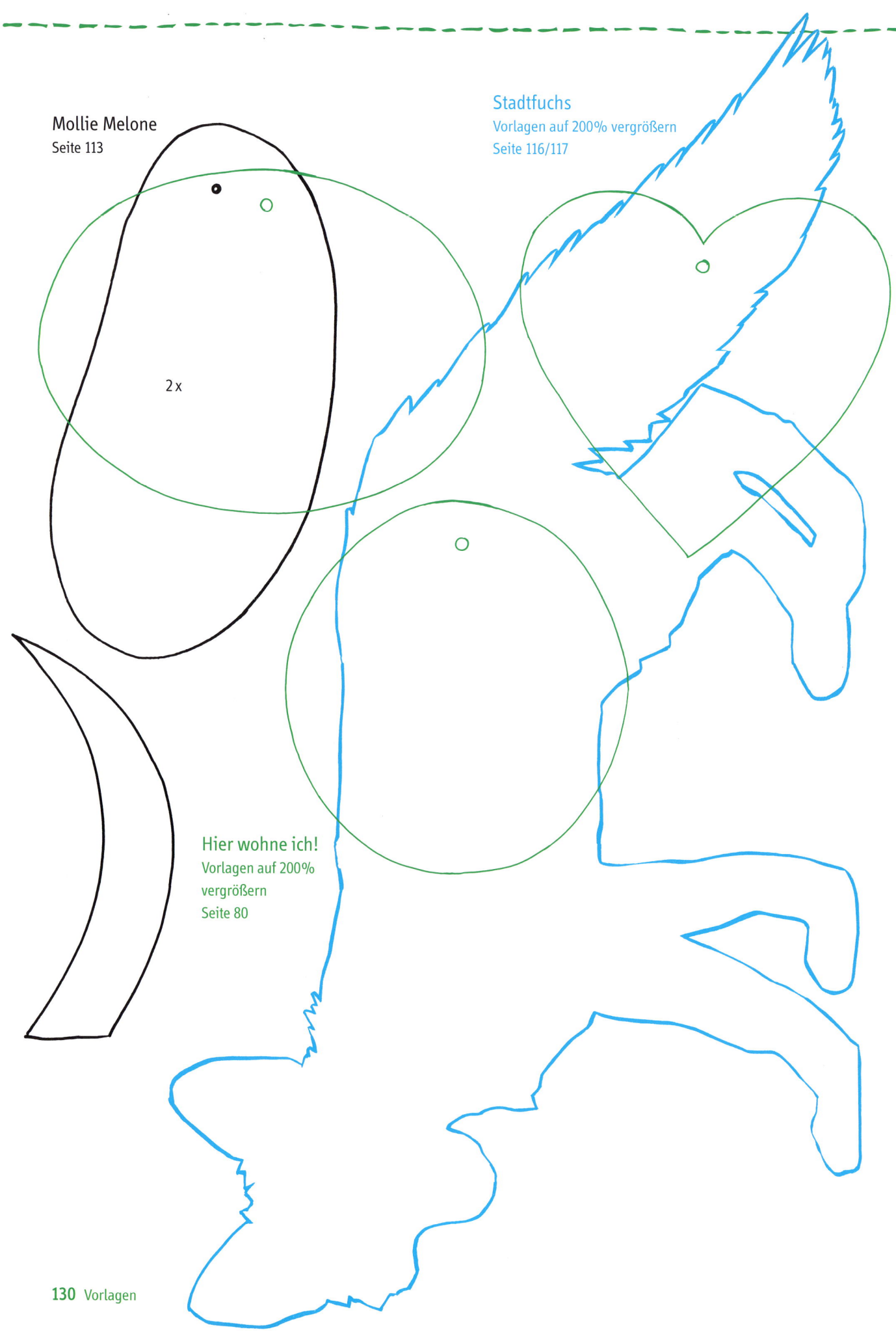

Mollie Melone
Seite 113

2 x

Hier wohne ich!
Vorlagen auf 200%
vergrößern
Seite 80

Stadtfuchs
Vorlagen auf 200% vergrößern
Seite 116/117

Der Langeweile keine Chance!
Vorlagen auf 150% vergrößern
Seite 60/61

Vorlage Stempel
Vorlage entspricht der Orginalgröße

Die Autorinnen

Birgit Kaufmann lebt zusammen mit ihrem Mann und ihrer Tochter Ronja in der Nähe von Regensburg. Von klein auf wurde in ihrer Familie gebastelt, gesägt, genäht und gehämmert. Durch die Arbeit im Kindergarten kann sie ihre Ideen gleich mit der richtigen Altersgruppe ausprobieren.

Pascale Adrienne Lamm lebt und arbeitet als freischaffende Künstlerin in Köln. Seit ihrem Studium in den Niederlanden verwirklichte sie zahllose Ideen und Ausstellungen. Außerdem entwickelt sie Kinderbücher, arbeitet als Grafikerin und leitet Workshops und Kunstprojekte für Kinder und Jugendliche.

Eva Sommer wurde in Schweinfurt geboren und hat einen erwachsenen Sohn. Als Kindergartenleiterin ist sie mit den Interessen, Vorlieben und Möglichkeiten kleiner Kinder bestens vertraut. Sie hat beim frechverlag schon zahlreicher Bastelbücher für Kinder veröffentlicht.

Henriette Foldenauer ist Diplom-Designerin und Illustratorin und lebt in der Nähe von Augsburg. Ihre Ideen sind bereits in zahlreichen Zeitschriften und Büchern erschienen. Sie liebt das Arbeiten mit den verschiedensten Materialien. »I am crazy and I like it!«, ist ihr Lebensmotto.

Mit freundlicher Unterstützung von : **LandKind**

LandKind erscheint in der Panini Verlags GmbH, Rotebühlstrasse 87, 70178 Stuttgart
www.landkind-magazin.de

DANKE!

Wir danken den Fotokindern: Nico, Leonie K., Milena, Tamina, Sophie und Sophie, Hannes, Moritz, Nele, Magdalena, Ronja, Marlene, Mila Lou, Joshua, Gabriel, Raffael, Matilda, Leonie, Linus, Elissa, Julia, Caroline, Emmanuel, Matteo, Louisa, Noel, Lea Zoe, Henry, Mia und Maja. Außerdem danken wir folgenden Materialherstellern für ihre großzügige Unterstützung mit Bastelmaterial: Efco (Rohrbach), Marabu (Tamm), UHU (Bühl), Staedtler Mars (Nürnberg), Marpa Jansen (Mönchengladbach), Rico Design (Brakel), Wollknoll (Oberrot-Neuhausen), Rayher (Laupheim), Knorr Prandell (Lichtenfels) und Heyda (Heilbronn).

Hilfestellungen zu allen Fragen, die Materialien und Bastelbücher betreffen: Frau Erika Noll berät Sie. Rufen Sie an: 05052/911858*

*normale Telefongebühren

IMPRESSUM

MODELLE UND ARBEITSSCHRITTFOTOS: Henriette Foldenauer (S.22/23, 44/45, 46/47, 66, 76/77, 82, 86/87, 102/103, 104, 105), Birgit Kaufmann (S.10/11, 14, 15, 16, 30/31, 48/49, 59, 62/63, 78/79, 80, 81, 94, 98/99, 113, 118/119, 120), Pascale Lamm (S.12, 17, 28/29, 42/43, 54/55, 56/57, 58, 60/61, 74/75, 84/85, 92/93, 96/97, 110/111, 114/115, 116/117, 121, 124), Eva Sommer (S.13, 18/19, 20/21, 32/33, 34, 35, 36/37, 38, 39, 40/41, 64/65, 72/73, 83, 95, 100/101, 112)

FOTOS: frechverlag GmbH, 70499 Stuttgart; Pascale Lamm, Köln (S.54/55, 110/111, 121, 124), lichtpunkt, Michael Ruder, Stuttgart (alle übrigen)

REIHENKONZEPTION, PRODUKTMANAGEMENT UND LEKTORAT: Anja Detzel

UMSCHLAG: Sophia Höpfner

INHALTSLAYOUT: Büro für Gedrucktes, Beate Mössner, Stuttgart

SATZ: Arnold & Domnick, Leipzig

DRUCK UND BINDUNG: Himmer AG, Augsburg

2. Auflage 2013
© 2013 frechverlag GmbH, 70499 Stuttgart

ISBN 978-3-7724-5799-9

Best.-Nr. 5799